Da Ação Penal

M488d   Medeiros, Flavio Meirelles
         Da ação penal / Flavio Meirelles Medeiros. —
         Porto Alegre : Livraria do Advogado, 1995.
         153 p.; 14 x 21 cm.

         ISBN   85-85616-43-1

         1. Ação penal. 2. Ação penal pública. 3. Ação penal
         privada. 4. Crime. 5. Denúncia. 6. Queixa : Processo
         Penal. I. Título.

                                     CDU   343.123
              Índices alfabéticos

         Ação penal   343.123
         Ação penal privada   343.123.6
         Ação penal pública   343.123.5
         Crime   343.232
         Denúncia   343.123.51
         Queixa : Processo Penal   343.123.61

Bibliotecária responsável: Marta Roberto, CRB-10/652

FLAVIO MEIRELLES MEDEIROS

Da Ação Penal

livraria
DO ADVOGADO
editora

1995

© Flavio Meirelles Medeiros, 1995

Do mesmo autor:
Nulidades do processo penal, 2. ed. Aide, 1987
Manual do processo penal, Aide, 1987
Empréstimos de custeio e de investimento agrícola, Livraria do Advogado, 1991
Do inquérito policial, Livraria do Advogado, 1994

Capa de
Henry Saatkamp

Composição e montagem de
Livraria do Advogado Ltda.

Direitos desta edição reservados por
Livraria do Advogado Ltda.
Rua Riachuelo 1338
Fones e fax (051) 2244312 2253250 2265164
90010-273 Porto Alegre RS

Impresso no Brasil/Printed in Brazil

Sumário

1. **Noções Gerais** 17

1.1. Ação Penal 17
1.1.1. Primeira noção 17
1.1.2. O direito de Ação Penal não pressupõe a existência de delito 17

1.2. Tipos de Ação Penal 18
1.2.1. O que caracteriza a ação como penal 18
1.2.2. Tipos de ação penal 18
1.2.3. Pedido e decretação de prisão preventiva vistos como ação cautelar autônoma 19

1.3. A Ação Penal Condenatória. Classificação 19
1.3.1. Toda ação penal é pública 19
1.3.2. Classificação da ação penal 20

1.4. Princípios que regem a Ação Penal pública 20
1.4.1. Primeira consideração 20
1.4.2. Regem a ação penal pública e a privada. Instrumentalidade, iniciativa da parte e indivisibilidade 21
1.4.3. Regem apenas a ação penal pública. Obrigatoriedade, indisponibilidade e oficialidade 23
1.4.4. Regem apenas a ação penal privada. Oportunidade, disponibilidade e não-oficialidade 26

1.5. A ação penal. Um procedimento acusatório ou inquisitivo? 27
1.5.1. Sistema de persecução adotado no Brasil 27
1.5.2. A dificuldade da persecução dos delitos praticados por administradores e dos delitos de colarinho branco no sistema do inquérito 27
1.5.3. Outro inconveniente do sistema do inquérito. O caráter inquisitivo do processo 28

1.6. A Denúncia 31
1.6.1. Noções gerais 31
1.6.2. O direito-dever de denunciar 31

1.6.3. Requisitos da denúncia e suas nulidades 31
1.6.4. Rejeição da denúncia 31

1.7. Representação 32
1.7.1. Remissão 32

1.8. Requisição 32
1.8.1. Definição 32
1.8.2. Crimes cuja persecução depende de requisição 32
1.8.3. Revogabilidade da requisição 33
1.8.4. Tempo e efeitos da requisição 33

1.9. Queixa 33
1.9.1. Breves considerações e remissão 33

1.10. Crimes de ação privada e de ação pública. Distinção 34
1.10.1. Distinção 34
1.10.2. Critérios do legislador 35
1.10.3. Interpretação das normas que regulam a representação 35

1.11. A Ação Penal no Crime Complexo 36
1.11.1. Breve anotação 36

1.12. O Direito-Dever de Denunciar 36
1.12.1. A posição conservadora 36
1.12.2. A posição liberal 37
1.12.3. A dúvida como fundamento da ação penal 38
1.12.4. Temperando a posição liberal 39

1.13. Prova da materialidade da infração penal 40
1.13.1. Requisito para o oferecimento da denúncia 40
1.13.2. Exame do corpo de delito 40
1.13.3. Nulidade do processo 40
1.13.4. Exame direto e indireto 40
1.13.5. O exame indireto há de ser convincente 41

1.14. O Representante do Ofendido 41
1.14.1. O ofendido menor 41
1.14.2. O representante 41

1.15. Morte do Ofendido 42
1.15.1. Considerações 42

1.16. Jurisprudência 42
1.16.1. Pressupostos do direito-dever de denunciar 42
1.16.2. Necessidade do exame de corpo de delito para
o oferecimento da denúncia 43
1.16.3. Validade do exame do corpo de delito indireto 43

2. Representação e retratabilidade 44

2.1. Considerações 44
2.1.1. Retratabilidade 44
2.1.2. Oferecimento da denúncia 44
2.1.3. Retratação da retratação 44
2.1.4. Retratação da requisição 44

2.2. Jurisprudência 45
2.2.1. Viabilidade da retratação. Momento 45

3. Artigo 26 do CPP. Revogação 46

3.1. Disposição Revogada 46
3.1.1. Comentários 36

4. Provocação do MP 47

4.1. Por qualquer pessoa 47
4.1.1. Breves considerações 47

5. O arquivamento 48

5.1. Procedimento e Princípio Processual 48
5.1.1. Procedimento 48
5.1.2. Princípio da iniciativa da parte 48

5.2. O Pedido Implícito 49
5.2.1. A fundamentação do pedido como regra 49
5.2.2. Pedido implícito de arquivamento 50

5.3. Vedação à Ação Privada Subsidiária 50
5.3.1. Arquivamento. Não-cabimento de ação penal
privada subsidiária 50

5.4. Desarquivamento 51
5.4.1. Somente mediante novas provas 51

5.5. Recurso 52
5.5.1 Contra a decisão de arquivamento 52

5.6. Economia Popular 52
5.6.1. Recurso de ofício 52

5.7. Discordância do Juiz. Remessa dos Autos à Polícia 52
5.7.1. Não concordância com o pedido de arquivamento.
Remessa dos autos à polícia 52

5.8. Promotor Designado 53
5.8.1. Obrigação de denunciar 53

5.9. Novas Provas 53
5.9.1. Desarquivamento. Vistas ao MP 53

5.10. Nos Tribunais 53
5.10.1. Pedido de arquivamento 53

5.11. Arquivamento administrativo 54
5.11.1. Possibilidade 54

5.12. Recebimento da denúncia 55
5.12.1. Desnecessidade de fundamentação 55

5.13. Jurisprudência 55
5.13.1. Arquivamento implícito 55
5.13.2. Recurso contra a decisão de arquivamento 55
5.13.3. Não concordância com o pedido de arquivamento.
   Remessa dos autos à polícia 55
5.13.4. Pedido de arquivamento perante os Tribunais 56
5.13.5. Recebimento da denúncia. Desnecessidade de
   fundamentação 56

6. Ação penal privada subsidiária 57

6.1. Ação Privada nos Crimes de Ação Pública 57
6.1.1. Hipótese legal 57
6.1.2. Fundamento constitucional 57
6.1.3. Prazo 57

6.2. Prazo Legal 58
6.2.1. Pedido de arquivamento 58
6.2.2. Denúncia omissa quanto a fatos ou indiciados 58

6.3. Perdão, Perempção e Renúncia e Decadência 58
6.3.1. Inadmissibilidade do perdão e da perempção 58
6.3.2. Admissibilidade da renúncia 58
6.3.3. Admissibilidade da decadência 59

6.4. O Ministério Público e Queixa Subsidiária 59
6.4.1. A atuação do MP 59
6.4.2. O não aditamento. Consequências 59
6.4.3. O repúdio. Consequências 59
6.4.4. Oferecimento de denúncia substitutiva 60
6.4.5. Nulidade 60
6.4.6. Retomando a ação como parte principal 60

6.5. Jurisprudência 61
6.5.1 Pedido de arquivamento 61
6.5.2. Denúncia omissa 61
6.5.3. Requerimento de diligência desnecessária 61

7. O ofendido e seu representante 62

7.1. Considerações 62
7.1.1. Ofendido 62
7.1.2. Representante 62
7.1.3. Queixa 62

8. Morte do ofendido 63

8.1. Considerações 63
8.1.1. Enumeração taxativa 63
8.1.2. Remissão 63
8.1.3. Prazos 63

9. Ofendido pobre 64

9.1. Considerações 64
9.1.1. Nomeação de advogado 64
9.1.2. Definição de pobreza 64
9.1.3. Prova de pobreza 64
9.1.4. Custas 64

10. Ofendido menor 65

10.1. Considerações 65
10.1.1. Ofendido menor 65
10.1.2. Posição do curador especial 65

11. Queixa 66

11.1. Direito 66
11.1.1. Exercício pelo menor ou por seu representante 66
11.1.2. Menor que atinge a maioridade 66
11.1.3. Prazo de decadência 66

12. Mulher casada 67

12.1. Revogação 67
12.1.1. Do artigo 35 67

13. Direito de queixa 68

13.1. Pluralidade de pessoas 68
13.1.1. Breve comentário 68

14. Queixa 69

14.1. Pessoas jurídicas 69
14.1.1. Breves comentários 69

15. Decadência 70

15.1. Prazo de decadência do direito de queixa
e de representação: 70
15.1.1. O artigo 38 do CPP 70
15.1.2. Início do prazo 70
15.1.3. Prazo penal 70
15.1.4. Prazo improrrogável 71
15.1.5. Exercício do direito de queixa e de representação 71

15.2. Prazos independentes 71
15.2.1. A posição de Damásio de Jesus 71
15.2.2. A posição do STF 72

15.3. Decadência na ação penal privada subsidiária 72
15.3.1. Possibilidade 72

15.4. O Parágrafo Único 72
15.4.1. Artigos 24, parágrafo único e 31 72

15.5. Jurisprudência 73
15.5.1. Prazos independentes 73

16. A representação 74

16.1. Natureza 74
16.1.1. Debate antigo 74
16.1.2. Natureza processual da representação
e material da decadência 75

16.2. O representante 76
16.2.1. Menor de 18 anos 76
16.2.2. Menor de 18 anos ou retardado mental
sem representante 76
16.2.3. Maior de 18 e menor de 21 anos 76
16.2.4. A figura do representante 76
16.2.5. Ilegitimidade do representante 76

16.3. Representação através de procurador 77
16.3.1. Comentários 77

16.4. Destinatários da representação 77
16.4.1. A autoridade policial 77
16.4.2. O promotor público 77
16.4.3. O juiz 78

16.5. Redução a termo 78
16.5.1. Comentários 78

16.6. Forma e Conteúdo da Representação 78
16.6.1. Comentários 78

16.7. Interpretação das normas que regulam a representação 79
16.7.1 Remissão 79

16.8. Jurisprudência 79
16.8.1. Guarda de menor 79
16.8.2. Falta de poderes especiais na procuração 79
16.8.3. Forma da representação 79
16.8.4. Conteúdo da representação 80

17. Conhecimento de crime 81

17.1. Pelos juízes 81
17.1.1. Providências 81

18. Elementos da denúncia e da queixa 82

18.1. Queixa 82
18.1.1. Remissão 82

18.2. Denúncia 82
18.2.1. Remissão 82
18.2.2. Elementos 82
18.2.3. A nulidade do processo por falta de denúncia 83

18.3. O suprimento das omissões da denúncia 84
18.3.1. A exposição do fato criminoso 84
18.3.2. As circunstâncias do fato criminoso 85
18.3.3. Qualificação do acusado 85
18.3.4. A classificação do crime 85
18.3.5. Rol de testemunhas 86
18.3.6. A assinatura 86

18.4. Temas Debatidos na Doutrina 86
18.4.1. O recebimento da denúncia e o posterior
reconhecimento de sua nulidade pelo juiz 86
18.4.2. O reconhecimento da nulidade da denúncia
após a sentença 87

18.5. Jurisprudência 88
18.5.1. A exposição do fato criminoso. Inocorrência
de nulidade 88
18.5.2. A exposição do fato criminoso. Presença
de nulidade 88
18.5.3. Denúncia na co-autoria e no delito societário 88
18.5.4. O dispositivo violado 89

18.5.5. Denúncia que arrola mais testemunhas do que
o autorizado 89
18.5.6. Promotor que não exercia mais suas funções 89
18.5.7. Nulidade da denúncia reconhecida
após a sentença 89

19. Ação penal 90
19.1. Indisponibilidade 90
19.1.1. Remissão 90

20. Rejeição da denúncia e da queixa 91

20.1. Condições da ação 91
20.1.1. As condições da ação 91

20.2. Inépcia da denúncia 91
20.2.1. Comentários 91

20.3. Motivos ensejadores da inépcia 92
20.3.1. Ausência de possibilidade jurídica do pedido 92
20.3.2. Punibilidade extinta como causa de impossibilidade
jurídica do pedido 92
20.3.3. Ausência de interesse de agir 93
20.3.4. Prescrição retroativa considerada a pena em perspectiva
como causa de ausência do interesse de agir 93
20.3.5. Ilegitimidade da parte 94
20.3.6. Ausência de representação ou de requisição 94
20.3.7. Nulidade 94

20.4. Providências judiciais frente à inépcia 95
20.4.1. Rejeição e não-recebimento 95
20.4.2. Efeitos da rejeição e do não-recebimento 95
20.4.3. Rejeição da denúncia no caso de ausência
de condição da ação 95
20.4.4. Rejeição da denúncia no caso de ausência
de representação ou requisição 96
20.4.5. Rejeição da denúncia no caso de sua nulidade 97
20.4.6. Rejeição da denúncia nula ou inepta
no curso do processo 97

20.5. O Recurso contra a Decisão Judicial 98
20.5.1. Recurso de apelação 98
20.5.2. Recurso em sentido estrito 09

20.6. Recebimento em partes da denúncia 98
20.6.1. Comentários 98

20.7. Jurisprudência 99
20.7.1. Arrependimento eficaz 99
20.7.2 Fato narrado 100
20.7.3. Divergência doutrinária sobre a tipicidade 100
20.7.4. Furto famélico 100
20.7.5. Irrelevância jurídica do fato 100
20.7.6. Necessidade de indícios de crime para denunciar 100
20.7.7. Legítima defesa e juízo de admissibilidade da ação 100
20.7.8. Ausência de dolo 100
20.7.9. Reconhecimento antecipado de prescrição retroativa 101
20.7.10. Rejeição no curso do processo 101
20.7.11. Recebimento e rejeição 101
20.7.12. Recebimento e rejeição. Recursos cabíveis 101
20.7.13. Recebimento parcial da denúncia 101

21. Queixa 102

21.1. Procuração para o oferecimento da queixa 102
21.1.1. Defeito de redação 102
21.1.2. Poderes especiais 102
21.1.3. Somente o advogado pode oferecer queixa em juízo 102
21.1.4. A menção do fato 103
21.1.5. Oferecimento de queixa sem procuração 103
21.1.6. Sanabilidade do defeito da procuração 103

21.2. Jurisprudência 103
21.2.1. Desnecessidade de narrativa do fato 103
21.2.2. Defeito da procuração 103
21.2.3. Oferecimento de queixa sem procuração 103

22. Queixa 105

22.1. Aditamento 105
22.1.1. Prazo 105
22.1.2. Finalidade 105
22.1.3. Vista de todos os termos do processo 105

22.2. Jurisprudência 106
22.2.1. O MP não pode recorrer da sentença absolutória 106

23. Denúncia 107

23.1. Prazos para o Oferecimento 107
23.1.1. Réu preso 107
23.1.2. Réu solto 107
23.1.3. Havendo devolução do inquérito 107

23.1.4. No caso de representação ou de notícia de crime 108
23.1.5. Prazos especiais 108

23.2. Conseqüências da não apresentação de denúncia
nos prazos legais 108
23.2.1. Indiciado preso 108
23.2.2. Indiciado solto ou preso 108

23.3. Indiciado preso. Devolução do Inquérito à Polícia 109
23.3.1. Liberdade para o indiciado 109

23.4. Jurisprudência 110
23.4.1. Indiciado preso 110
23.4.2. Indiciado preso. Improrrogabilidade do prazo 110

24. Requisição 111

24.1. De Informações pelo Ministério Público 111
24.1.1. Comentários 111

25. Indivisibilidade 113

25.1. Da Ação Penal 113
25.1.1. Noção 113
25.1.2. Denúncia que viola o princípio. Providência 113
25.1.3. Queixa que viola o princípio e atuação
do Ministério Público. Duas posições 114
25.1.4. Queixa que viola o princípio. Conseqüências 114

25.2. Jurisprudência 114
25.2.1. Denúncia que viola a indivisibilidade 114
25.2.2. Violação da indivisibilidade na queixa.
Conseqüências 115
25.2.3. Aditamento 115
25.2.4. Querelado. Exclusão pelo juiz 115

26. Renúncia 116

26.1. Em relação a um dos autores 116
26.1.1. Conseqüência 116
26.1.2. Extinção de punibilidade 116
26.1.3. Momento 116
26.1.4. Renúncia na ação penal privada subsidiária 116
26.1.5. Não inclusão na queixa de um dos autores do crime 117

26.2. Jurisprudência 117
26.2.1. Não inclusão na queixa de um dos autores do crime 117

27. Renúncia 118

27.1. Forma 118
27.1.1. Expressa ou tácita 118
27.1.2. Renúncia do representante do menor 118

28. Perdão 119

28.1. Sua aceitação 119
28.1.1. Conseqüência 119
28.1.2. Extinção de punibilidade 119
28.1.3. Momento 119
28.1.4. Na ação penal privada subsidiária 119
28.1.5. Forma 119

29. Perdão 120

29.1. Concedido pelo menor ou por seu representante 120
29.1.1. Comentários 120

30. Querelado 121

30.1. Mentalmente enfermo 121
30.1.1. Comentários 121

31. Querelado 122

31.1. Menor e Aceitação do Perdão 122
31.1.1. Aplicação do artigo 52 122

32. Perdão 123

32.1. Aceitação de Perdão através de Procurador 123
32.1.1. Comentários 123

33. Perdão 124

33.1. Perdão Extraprocessual Expresso 124
33.1.1. Comentários 124

34. Renúncia e perdão 125

34.1. Renúncia e Perdão Tácitos 125
34.1.1. Comentários 125

35. Perdão 126
35.1. Concedido nos Autos 126
35.1.1. Comentários 126

36. Perdão 127

36.1. Aceitação do Perdão fora do Processo 127
36.1.1. Comentários 127

37. Perempção 128

37.1. Comentários 128
37.1.1. Momento 128
37.1.2. Conseqüência 128
37.1.3. Na ação penal privada subsidiária 128
37.1.4. Não comparecimento do querelante 129
37.1.5. Pedido de condenação 129

37.2. Jurisprudência 129
37.2.1. Ausência do querelante 129

38. Extinção de punibilidade 130

38.1. Reconhecimento Judicial da Extinção de Punibilidade 130
38.1.1. Comentários 130

38.2. Jurisprudência 130
38.2.1. Falsidade do óbito 130

39. Extinção de punibilidade 131

39.1. Morte do acusado 131
39.1.1. Certidão de óbito 131
39.1.2. Remissão 131

40. Jurisprudência 132

Bibliografia 151

Art. 24 Nos crimes de ação pública, esta será promovida por denúncia do Ministério Público, mas dependerá, quando a lei o exigir, de requisição do Ministro da Justiça, ou de representação do ofendido ou de quem tiver qualidade para representálo.
Parágrafo único. No caso de morte do ofendido ou quando declarado ausente por decisão judicial, o direito de representação passará ao cônjuge, ascendente, descendente ou irmão.

1. Noções gerais

1.1. AÇÃO PENAL

1.1.1. Primeira noção

Quanto a sua natureza jurídica, vencidas as teorias do processo como *contrato*, como *quase contrato*, como *instituição jurídica*, como *situação jurídica*, firmou-se a convicção, largamente difundida, de que o processo constitui verdadeira *relação jurídica*. O processo é ação, a jurisdição e a relação entre ambas. O processo é a relação jurídica que vincula as partes ao juiz, ou seja, a ação (e exceção é ação) à jurisdição. Assim vista, a ação penal é o direito de exigir a prestação jurisdicional-criminal (que tem por objeto a aplicação da lei penal). Direito este que tem por titulares tanto o autor como o réu do processo criminal.

1.1.2. O direito de Ação Penal não pressupõe a existência de delito

A ação penal, enquanto direito da parte, não pressupõe a existência de delito, pressupõe apenas a probabilidade de que um delito tenha se verificado. Pode haver exercício do direito de ação penal sem que exista crime: é o caso do acusado absolvido ao final do processo onde

DA AÇÃO PENAL 17

é reconhecida a prova da inexistência de delito. Neste processo, embora não tenha existido delito, houve exercício do direito de ação penal. Assim, verifica-se que a ação penal é completamente independente da existência do direito de punir. A ação penal não nasce do delito, mas da suspeita da prática de delito. Do que de tudo conclui-se que a relação jurídica substancial (a relação de direito penal que vincula o cidadão ao Estado) é totalmente independente da relação jurídica processual.

1.2. TIPOS DE AÇÃO PENAL

1.2.1. O que caracteriza a ação como penal

O que caracteriza a ação como de natureza penal é a relação que ela guarda com o direito de punir. Se a ação tiver relação, direta ou indireta, com o direito de punir, a ação é penal. Note-se que não é necessário que a ação tenha por finalidade direta a aplicação de norma de direito penal, pois que, pode ter, diretamente, por objetivo a aplicação de norma processual penal. É a utilização de direito processual penal para fins de sua própria aplicação. O instrumento a serviço do instrumento. Exemplo: *habeas corpus* interposto objetivando o reconhecimento da invalidade do processo penal em virtude de nulidade absoluta da relação processual.

1.2.2. Tipos de ação penal

Ao lado da ação penal mais conhecida, a ação penal condenatória, que tem por fim declarar e constituir direitos em favor do Estado (declarar o direito de punir e constituir o direito de executar), há outras ações penais: a ação penal declaratória, a executiva e a cautelar. Exemplo de ação penal declaratória é o habeas corpus visando reconhecer a inexistência de justa causa. De ação penal executiva, é a execução mesmo da sentença condenatória.

De ação penal cautelar, aquela tendente à aplicação de prisão preventiva.

1.2.3 Pedido e decretação de prisão preventiva vistos como ação cautelar autônoma

Dir-se-á que no caso o que há é mero incidente da ação penal condenatória. Sem razão, porém. Mesmo que o *incidente* se verifique no curso da ação penal condenatória (e não antes, possibilidade esta que põe descoberto tratar-se de ação e não de simples incidente) é ação penal. Pouco importa que se verifique nos autos da ação condenatória. Que as partes sejam as mesmas. É uma ação autônoma pois que possui distinta causa de pedir e distinto pedido em relação a condenatória. Na ação condenatória, a causa de pedir é a probabilidade da prática de delito, na preventiva é a necessidade de afastar-se o acusado da coletividade; na condenatória o pedido é de condenação do acusado ao cumprimento de pena por um período determinado, na preventiva o pedido é de afastamento temporário do acusado do convívio social (enquanto perdurarem as razões de necessidade). Certo que há semelhanças entre a causa de pedir e o pedido. Mas, não é possível negar-se a existência de diferenças, impossibilidade esta suficiente para negar-se a identidade.

1.3. A AÇÃO PENAL CONDENATÓRIA. CLASSIFICAÇÃO

1.3.1. Toda ação penal é pública

Toda ação penal é pública. Isto porque a ação penal é direito subjetivo constitucional e processual. Origina-se de dois ramos do direito público: do direito constitucional e do direito processual.

1.3.2. Classificação da ação penal

Feita a reserva acima, a doutrina tem classificado, por razões didáticas, a ação penal, quanto à legitimidade ativa, em Ação Penal Pública e Ação Penal Privada. Chama-se Pública, a Ação Penal, quando é proposta pelo Ministério Público nos crimes de ação pública. Dá-se o nome de Ação Penal Privada àquela que é proposta pelo ofendido, seu representante ou sucessores. A Ação Penal Pública, por sua vez, divide-se em Ação Penal Pública Incondicionada e em Ação Penal Pública Condicionada (ou à representação ou à requisição). A Ação Penal Pública Incondicionada é proposta pelo Ministério Público nos crimes de ação pública independentemente de qualquer condição. Ação Penal Pública Condicionada é aquela cuja propositura pelo Ministério Público nos crimes de ação pública depende da existência ou de representação (do ofendido ou de seu representante) ou de requisição (do Ministro da Justiça). Quanto à Ação Penal Privada, são dois os tipos: a Ação Penal Exclusivamente Privada e a Ação Penal Privada Subsidiária. A Ação Penal Exclusivamente Privada ou Privativa do Ofendido é a proposta pelo ofendido ou seu representante nos crimes de ação privada. Ação Penal Privada Subsidiária é a proposta pelo ofendido ou seu representante nos crimes de ação pública quando esta não é intentada no prazo legal.

1.4. PRINCÍPIOS QUE REGEM A AÇÃO PENAL PÚBLICA

1.4.1. Primeira consideração

Dentre os princípios informadores do processo penal, da verdade real, do impulso oficial, do contraditório, do devido processo, do duplo grau de jurisdição, da independência do juiz, do *in dubio pro reo*, do juiz natural, da ampla defesa, da livre convicção, da imediação, da escritura, uns originários do *significado do processo como garantia individual* e outros da *indisponibilidade da relação jurídica material* - ver *Manual do Processo Penal*, Rio de Janeiro, Aide, 1987, de nossa autoria - , os princípios que seguem abaixo possuem estreita relação com a ação penal.

1.4.2. Regem a ação penal pública e a privada. Instrumentalidade, iniciativa da parte e indivisibilidade

Os princípios da instrumentalidade, da iniciativa da parte e da indivisibilidade são aplicáveis tanto a ação penal pública como à privada. A instrumentalidade da ação penal deriva de que a ação serve, como regra, de meio para a aplicação das normas materiais. O tratadista Giovanni Leone, *in Tratado de derecho procesal penal*, Buenos Aires, Jurídicas Europa-América, 1963, v. I, p. 4, 1963, contemplou a instrumentalidade da norma processual levando em conta nada menos que cinco aspectos: o histórico, o sistemático, o estritamente jurídico, o social e o psicológico. Vejamos como o fez pelos aspectos histórico e psicológico. Pelo aspecto histórico há uma preexistência lógica do direito penal sobre o direito processual penal. Primeiro havia os crimes cujas penalidades eram executadas pelo ofendido ou seus familiares. Só depois instituiu-se o processo para a aplicação das penas. O aspecto psicológico está em que a parte, quando pede a atuação do Poder Judiciário, não deseja a mera contemplação da atividade jurisdicional com aquela sucessão de atos que lhe é própria. Espera sim, a solução do seu pedido mediante a aplicação do direito material ao caso *sub judice*. É tão significativo o caráter instrumental do processo que Hélio Tornaghi, *in Instituições de processo penal*, 2. ed., São Paulo, Saraiva, 1977, pondera, e com acerto, que a boa lei processual penal é aquela que melhor se presta para a aplicação do direito penal, ou seja, é aquela que melhor se presta para a realização da justiça penal com a aplicação de pena aos culpados e absolvição dos inocentes. Mas há um aspecto particular na instrumentalidade da norma processual e, conseqüentemente, na instrumentalidade da ação penal. Na área penal, esta instrumentalidade da norma processual tem uma característica que lhe é bem particular. Na área cível, o direito substancial pode ser exercido independentemente da intervenção judiciária. As dívidas contraídas, os deveres dos cônjuges podem ser, respectivamente, pagas e cumpridos, sem que seja necessário recorrer às normas de processo civil. Nesta área, a satisfação da pretensão substantiva não depende do processo. A característica particular da norma processual penal, à qual nos referíamos, é a sua *obrigatoriedade ou necessariedade*. A *instrumentalidade* da norma processual penal - e da ação penal - é absolutamente *necessária*. O autor do crime não pode ser punido sem a preexistência da ação penal. A pretensão punitiva do Estado não pode ser satisfeita, o direito subjetivo de punir estatal não pode ser exercido, o direito penal não pode ser aplicado sem o exercício da ação penal. Em conclusão, enquanto a norma processual civil é apenas instrumental, a processual penal é *instrumental* e absolutamente *necessária*.

Quanto ao princípio da iniciativa das partes, de observar-se que a jurisdição, enquanto não provocada pela parte, mantem-se inerte. O juiz não presta jurisdição sem que, para isto, seja estimulado. Condição da prestação jurisdicional é o efetivo exercício do direito de ação. O princípio da iniciativa das partes, também chamado princípio da ação, traduz a imprescindibilidade do pedido da parte para que a prestação jurisdicional seja concedida. Para dar início ao processo penal, exige-se a iniciativa da parte. Nos crimes de ação pública compete ao Ministério Público o exercício da ação e, nos de ação privada, ao ofendido ou a quem o represente. Se a mesma pessoa que promovesse a ação fosse julgar seria difícil para ela, neste último momento, manter a imparcialidade necessária. Daí dizerse que o princípio da ação reforça o da imparcialidade. Em nosso sistema vigora o princípio da iniciativa das partes. As exceções que existiam - no processo contravencional e no dos crimes de lesões e homicídio culposos - foram abolidas com a reforma constitucional. O princípio da indivisibilidade é examinado nos comentários ao artigo 48.

1.4.3. Regem apenas a ação penal pública. Obrigatoriedade, indisponibilidade e oficialidade

Os princípios da obrigatoriedade, da indisponibilidade e da oficialidade são princípios da ação penal pública.

A lei penal não vige para a contemplação e satisfação de intelectuais. Sua eficácia destina-se a atuar no mundo dos fatos. Presume-se que todo cidadão seja inocente, ou seja, que na relação jurídica de direito penal ocupe a posição de sujeito ativo como detentor do direito substancial de liberdade. Porém, quando existem indícios de crime e de que uma pessoa determinada o tenha praticado, surge, em relação a esta pessoa, dúvida quanto à relação jurídica penal que a vincula ao Estado. Já não se sabe se, na relação de direito penal, aquela pessoa ocupa posição ativa ou passiva. O esclarecimento desta dúvida é de interesse público, e, portanto, possui o Estado o ônus de esclarecê-la e individualizá-la. É a *obrigação do Estado fazer atuar o direito penal*. O *princípio da legalidade*, também chamado de princípio da *obrigatoriedade* ou da inevitabilidade da ação, tem por causa o interesse da coletividade na atuação do direito penal. Dele resulta que o órgão encarregada da promoção da ação penal não possui faculdades discricionárias. Havendo indícios suficientes da prática de crime e de autoria, o Ministério Público tem a obrigação de promover a ação penal. O princípio da legalidade não incide apenas sobre a ação e o processo penal; sua eficácia se estende para abranger toda a atividade estatal de persecução. Assim, o princípio se aplica também à atividade investigatória policial. Diante da ocorrência de fato com aparência de crime, tem a autoridade policial o dever jurídico de iniciar as investigações em torno dele e de sua autoria. Escritores antigos, sustentavam que dos preceitos de direito penal ("quem faz isto é castigado deste modo") poderseia extrair a conclusão de que deles nasce não só uma pretensão penal pública como também, ao mesmo tempo, o dever absoluto das autoridades estatais de realizarem a persecução e o castigo dos culpados. Hoje, entre nós pelo menos, defende-se que a obrigação persecutória do Estado deriva, de forma expressa, da lei processual. Efetivamente, é categórico o artigo 24 do Código de Processo Penal: "nos crimes de ação pública, esta *será* promovida...". No sistema brasileiro, havendo indícios suficientes de crime e de autoria, o Ministério Público tem a obrigação de iniciar o processo penal, promovendo a ação. E se promotor entender que as informações de que dispõe não são suficientes? Neste caso, não promove a ação penal. Esta "não promoção" não representa uma mitigação do princípio da legalidade? Não, representa apenas que não interessa à ordem jurídica o abuso de poder. Seria abuso de poder de denunciação se diante da mais leve suspeita o cidadão ficasse sujeito aos inconvenientes de se tornar réu de processo criminal. O princípio da legalidade vige em nosso ordenamento sem mitigações, uma vez que, quando o Ministério Público opta pela não promoção da ação, pleiteando o arquivamento das peças informativas, deve apresentar razões; razões estas que não podem ser de conveniência ou de utilidade, devem ser, isto sim, no sentido de inexistirem indícios suficientes da prática de crime ou de quem seja o seu autor. Entre nós o que ocorre é que, se o Ministério decide, arbitrariamente, por critérios políticos, pela não promoção da ação, não há no ordenamento como suprir esta inércia (salvo se couber ação privada substitutiva). O princípio da legalidade vige sem mitigações, embora desprotegido. A razão da desproteção é que, no particular, a legalidade cede ao princípio da iniciativa das partes. Foi uma opção do legislador que, fundado em razões políticas, entendeu ser mal menor a inércia da jurisdição do que a jurisdição autoprovocada (a ação penal de ofício).

O processo penal - e a ação penal - é *indisponível* por razão indireta. Sua indisponibilidade é reflexa da de seu objeto. Há interesse público na determinação da real relação jurídica de direito penal que vincula o Estado ao cidadão, e daí decorre que as partes no processo não têm poder de disposição sobre aquela relação. Em alguns dispositivos do Código de Processo Penal deparamo-nos com conseqüências expressas do princípio da indisponibilidade. Proposta a ação, o Ministério Público não pode dela desistir (art. 42). Não pode também desistir de recursos que haja interposto (art. 576). Nos crimes de ação pública, o juiz pode proferir sentença condenatória ainda que o Ministério Público tenha opinado pela absolvição (art. 385). Nos crimes de ação pública condicionada, é irretratável a representação depois de oferecida a denúncia (art. 25). A indisponibilidade da relação jurídica material produz efeitos também fora do processo. Por disposição do artigo 17, do Código de Processo Penal, a autoridade policial não pode mandar arquivar os autos do inquérito. Derivam, também, do princípio da indisponibilidade a impossibilidade de se realizarem - enquanto não for regulamentado o artigo 98, inciso I, da CF -, no processo penal, aquelas formas de composição de litígios que ocorrem na área cível como a transação, a conciliação e o compromisso arbitral. Ministério Público e acusador não podem fazer acordos dentro ou fora do processo para aplicação de pena menos grave ou para substituição de penas legais por indenização pecuniária. Tampouco podem optar por um terceiro julgador: só poderá julgar o magistrado com jurisdição e competência para o caso concreto. O princípio, como vimos, incide também sobre a fase recursal vedando a desistência de recurso interposto pelo Ministério Público, mas tendo em vista que este e a defesa podem optar pela interposição, e que esta última

DA AÇÃO PENAL 25

pode dele desistir, é de se concluir que, nesta fase, predomina o princípio dispositivo.

No tangente ao *princípio da oficialidade*, de registrar-se, inicialmente, que há, como se sabe, interesse público na determinação da relação jurídica que vincula o Estado ao cidadão. Deste interesse decorre ser indisponível a relação jurídica substancial, a qual é objeto do processo. Da indisponibilidade do objeto do processo resulta que o direito do Estado de investigá-la é também um dever. Sendo dever do Estado, não pode ser confiado a particulares pois estes poderiam, por motivos vários, preferir a inércia. Daí a razão da instituição de órgão estatal próprio para a promoção da ação penal que é o Ministério Público. Este é o órgão *oficial* encarregado da promoção da ação penal.

1.4.4. Regem apenas a ação penal privada. Oportunidade, disponibilidade e não-oficialidade

Os princípios da oportunidade, da disponibilidade e da não-oficialidade são diretores da ação penal privada.

Princípio oposto ao da legalidade é o da oportunidade. Por este, a ação não é obrigatória. Aciona-se ou não, em razão de critérios de conveniência e de utilidade social. Na ação dos crimes de ação privada e na dos de ação pública condicionada à representação ou requisição vigora o princípio da oportunidade. O exercício da ação depende de ato de vontade de particulares ou do Ministro da Justiça.

No que diz respeito ao princípio da disponibilidade, o mesmo se faz presente na ação dos crimes de ação privada em que ocorre disposição sobre a relação direito penal através dos institutos do perdão, da renúncia e da perempção. Faz-se presente também nos crimes de ação pública condicionada à representação.

Quanto a não-oficialidade, vigora na ação privada, pois que é a parte ofendida ou seu representante quem propõe a ação e não um órgão oficial do Estado.

1.5. A AÇÃO PENAL. ACUSATÓRIA OU INQUISITIVA?

1.5.1. Sistema de persecução adotado no Brasil

O Brasil adotou o sistema do inquérito policial na persecução dos delitos. Sistema oposto é o do juizado de instrução. O sistema adotado possui vários inconvenientes.

1.5.2. A dificuldade da persecução dos delitos praticados por administradores e dos delitos de colarinho branco no sistema do inquérito

Conforme anotamos em *Do Inquérito Policial*, o sistema do inquérito policial é de todo impróprio para a persecução dos delitos praticados por administradores e por delinqüentes do *colarinho branco*. Tal se deve a que a instituição policial, vinculada que está à Administração e sujeita que fica a pressões políticas, não é dotada da independência necessária para a investigação dos delitos praticados pelos detentores de poder. Naquela oportunidade, comparando o sistema brasileiro com o italiano, concluímos o seguinte: "No sistema italiano, a investigação é da competência do juiz-promotor público que é membro da Magistratura, instituição cujo órgão máximo é o Conselho Superior da Magistratura. O juiz, seja ele julgador ou promotor público, só presta contas a esse conselho, nunca à Administração ou ao Poder Executivo. Dois terços do conselho é composto por juízes eleitos - pelos próprios juízes - e um terço é formado por professores de Direito, advogados com pelo menos quinze anos de experiência, designados pelo Parlamento. Só uma estrutura assim, assegurando completa independência ao investigador, pode ser eficaz no combate à corrupção no

Estado e aos crimes de colarinho branco. Nunca a estrutura vigente no Brasil."

1.5.3. Outro inconveniente do sistema do inquérito. O caráter inquisitivo do processo

Segundo a doutrina tradicional, o sistema brasileiro de persecução criminal é do tipo misto, ou seja, parte inquisitivo (o inquérito) e parte acusatório (o processo). Em 1985 questionávamos a validade deste entendimento (em *Primeiras Linhas de Processo Penal*). Dizíamos que "o que há de inquisitivo no processo é suficiente para que não se possa dizer que seja *tipicamente* acusatório. O juiz, em nosso processo, pode ouvir testemunhas cujo depoimento não foi solicitado nem pela acusação nem pela defesa. Pode ordenar qualquer perícia que entender necessária. Pode, em certas circunstâncias, ordenar o sigilo dos atos processuais. No interrogatório não é dada a palavra às partes, para propor perguntas. O acusado é ouvido antes de deporem as testemunhas. O acusado indica quais as testemunhas que deseja ouvir antes de serem inquiridas as indicadas pela acusação. Enfim, o direito do juiz, - que inclusive dever é - de esgotar todos os meios disponíveis na investigação, para que possa decidir de acordo com a verdade real, é circunstância legal bastante que exclui a possibilidade de entender-se tipicamente acusatória a segunda fase do sistema brasileiro de persecução criminal". Hoje, um pouco mais experientes, mudamos. Mudamos no sentido da plena convicção de que a ação penal no sistema brasileiro está mais próxima do sistema inquisitorial do que do acusatório. O que antes era desconfiança tornou-se uma certeza. *O que há de inquisitivo no processo*, hoje reconhecemos, é suficiente para caracterizá-lo como inquisitivo mesmo. O que distingue o sistema acusatório do inquisitivo não é como doutrinam os escritores, as funções de acusar, defender e julgar acumuladas em um único órgão no sistema inquisitivo, e estas mesmas funções distribuídas por órgãos distintos no acusatório. Este traço, apontado de forma unânime como fundamental, em verdade considera, para distinguir, meras conseqüências exteriores do verdadeiro traço de distinção dos sistemas. O que substancialmente distingue acusatório de inquisitório são os poderes que são concedidos ao órgão julgador. No processo do tipo acusatório, o juiz não possui poderes para investigar a verdade, julga de acordo com a verdade oferecida pelas partes. No inquisitório, ao contrário, o julgador detém amplos poderes para investigar os fatos. Esta é a diferença essencial entre os dois sistemas. A distribuição das funções no acusatório não passa de conseqüência da impossibilidade de o julgador instruir a causa. Termos em que de tudo o que se tem importado dos doutrinadores estrangeiros para dizer que o inquérito é inquisitivo e o processo é acusatório, é trazido sem muita análise, aplicando-se, não raro, dogmas e avaliações doutrinárias estabelecidas para o sistema do juizado de instrução ao sistema do inquérito policial. No sistema do juizado de instrução, enquanto a fase de juízo (de julgamento) é flagrantemente acusatória, a fase de instrução é eminentemente inquisitiva. Mas essas características não se aplicam, analogicamente, às fases de processo e de inquérito do sistema brasileiro. Nosso inquérito é exclusivamente inquisitivo. Nosso processo é também inquisitivo, apenas atenuado por algumas características do sistema acusatório. Esta avaliação do caráter inquisitivo do processo no sistema do inquérito torna-se, com a experiência profissional - que nos distancia de ideais acadêmicos e doutrinários -, mais rigorosa, ainda. A experiência no processo criminal depara-se com o processo-crime das pessoas menos favorecidas. O processo-crime é o processo dos pobres, por excelência. E neste processo de miseráveis, o que se vê é um magistrado a trabalhar, inquirir, pesquisar, questionar, tudo sozinho. A responsabilidade pela Justiça Criminal é jogada quase que por inteiro sobre os juízes. Impossível, inviável, desumano, exigir que este

DA AÇÃO PENAL 29

homem inquisidor mantenha-se imparcial. Não existe, não há condições para existir juiz criminal imparcial no sistema do inquérito. A necessidade de investigar é incompatível com o estado psicológico da imparcialidade. O que há e o que se vê são magistrados liberais e conservadores. O julgamento dos acusados, quanto a sua culpabilidade, é, em nosso sistema, um ato ideológico. A sorte dos acusados depende mais da ideologia do julgador - e, por conseqüência, da Distribuição do Foro - do que de regras jurídicas e das indicações das provas. É impossível exigir-se imparcialidade e justiça eqüidistante de investigadores. Nesse sistema de investigação, face a sua incompatibilidade com a imparcialidade, os magistrados se vêem obrigados a adotar uma ideologia, uma política, uma forma de julgar e de defrontar-se com a criminalidade. Daí a razão da grande divisão: juízes absolvidores e juízes condenadores. Onde estão os juízes de direito criminais? A agravar todo esse caos a realidade da defensoria criminal. De um lado, uma instituição independente e dotada de justas prerrogativas, de outro uma balbúrdia que em alguns Estados sequer foi regulamentada. Se o Estado é incapaz de eliminar a anarquia, que, pelo menos, a regulamente. A nível federal, então, sequer a anarquia existe. Não há o que regulamentar. Inexiste a defensoria pública! Que igualdade é esta, entre acusação e defesa, que se assegura no processo?! É um dogma falso, mentiroso e discriminador. É a igualdade para os desiguais. É como comenta, ironicamente, um conhecido amigo nosso: *tudo a que o réu criminal tem direito, especialmente o pobre, é uma boa acusação.*

Definitivamente, a título de conclusão, inviável a persecução de crimes vinculados ao poder enquanto não forem investigados por órgãos absolutamente independentes. Não são poucos os penalistas que vão estudar as causas da impunidade nos delitos vinculados ao poder nas deficiências das leis substanciais. Tomam rumo equivocado. A deficiência está na lei processual. Quanto aos juízes criminais, só poderemos esperar deles o abandono da ideologia quando os colocarmos a salvo dos efeitos da investigação. É preciso uma instituição policial bem estruturada e organizada para cumprir o seu verdadeiro papel, para investigar exclusivamente. Um juiz-instrutor ou promotor-instrutor para colher a prova. Um magistrado para, distante de tudo isso, sem função investigadora, julgar, ouvindo por primeiro, o acusador e, por último, o defensor.

1.6. A DENÚNCIA

1.6.1. Noções gerais

A petição inicial está para a ação civil como a denúncia está para a ação penal. A denúncia é a peça inaugural do processo penal. É o oferecimento da denúncia o marco do início da ação penal. Não o seu recebimento. A ação é o direito à prestação jurisdicional. O direito à jurisdição e o correlato dever do juiz de prestá-la nasce, não do recebimento da peça processual inicial, mas sim de sua apresentação. O oferecimento da denúncia faz nascer o dever processual do juiz de apreciá-la, ou para recebê-la ou para rejeitá-la.

1.6.2. O direito-dever de denunciar

É examinado adiante sob o título *O Direito-Dever de Denunciar* (1.12).

1.6.3. Requisitos da denúncia e suas nulidades

Nos comentários ao artigo 41 examinamos os requisitos da denúncia e suas nulidades.

1.6.4. Rejeição da denúncia

Nos comentários ao artigo 43 estudamos os casos de rejeição da denúncia.

1.7. REPRESENTAÇÃO

1.7.1. Remissão

O instituto da representação é examinada em comentários ao artigo 39. Por ora, apenas de consignar-se que representação é a autorização do ofendido para que em alguns crimes de ação pública a ação penal possa ser iniciada. Sobre a representação feita pelo representante do ofendido ver adiante no item 1.14.

1.8. REQUISIÇÃO

1.8.1. Definição

A requisição é ato de natureza política através do qual o Ministro da Justiça autoriza a propositura da ação penal por parte do Ministério Público em determinados delitos.

1.8.2. Crimes cuja persecução depende de requisição

Fernando da Costa Tourinho Filho, *in Processo penal*, 9. ed., Bauru, Jalovi, 1986, arrola os delitos cuja ação penal depende de requisição. São eles: a) nos crimes cometidos por estrangeiro contra brasileiro fora do Brasil (CP, art. 7º., § 3º, *b*); b) nos crimes contra a honra cometidos contra Chefe de Governo estrangeiro (CP, art. 141, I, c/c o parágrafo único do art. 145); c) nos crimes de injúria praticados contra o Presidente da República (CP, art. 141, I, c/c o parágrafo único do art. 145 do CP e art. 26 da Lei de Segurança Nacional); d) nos crimes contra a honra cometidos contra Chefe de Estado ou Governo estrangeiro ou seus representantes diplomáticos, por meio da imprensa (art. 23, I, c/c o art. 40, I, *a*, da Lei nº 5.250/67 - Lei de Imprensa); e) nos crimes contra a honra praticados por meio de imprensa contra Ministro do Supremo Tribunal Federal; f) nos crimes contra a honra cometidos pela imprensa contra Ministro de Estado (art. 23, I, c/c o art. 40, I, *a*, da Lei de Imprensa); g) nos crimes de injúria cometidos pela imprensa contra o Presidente da República, Presidente do Senado, Presidente da Câmara dos Deputados (art. 23, I, c/c o art. 40, I, *a*, da Lei nº 5.250/67).

1.8.3. Revogabilidade da requisição

Tourinho Filho, *opus cit.*, p. 333 e Julio Fabbrini Mirabete, *in Processo penal*, 2. ed., São Paulo, Atlas, 1993, p. 115, fundados em que a retratabilidade é prevista expressamente apenas para a representação, sustentam a irretratabilidade da requisição. Em sentido contrário Celso Delmanto, *in Código Penal Anotado*, 4. ed., São Paulo, Saraiva, 1983. A razão, parece-nos, está com Delmanto. Não vemos por que não se possa aplicar o artigo 25, por analogia, à requisição. Prejuízo a direito do autor do delito? É certo que não, pelo contrário. Além do mais, a requisição é ato de natureza política no qual prepondera um juízo de conveniência política. Por natureza, mutável.

1.8.4. Tempo e efeitos da requisição

A requisição pode ser feita a qualquer tempo enquanto não estiver extinta a punibilidade. Quanto a seus efeitos, a requisição não vincula o Ministério Público no sentido da obrigatoriedade da propositura da ação. Mesmo havendo requisição, compete ao Ministério Público o exame da presença dos requisitos necessários ao oferecimento da denúncia.

1.9. QUEIXA

1.9.1. Breves considerações e remissão

Como dissemos a petição inicial está para o processo civil como a denuncia para o processo penal. Acrescentase: a denúncia está para a ação penal pública assim como a queixa está para a ação penal privada. A ação penal

DA AÇÃO PENAL 33

privada inicia-se com o oferecimento da queixa ao juiz. A queixa deve conter os mesmos elementos da denúncia, em especial a descrição do fato delituoso imputado e o pedido de condenação. Não se deve confundir o registro de ocorrência feito pelo noticiante junto à autoridade policial com o instituto da queixa-crime. Aquele registro não passa de uma notícia de crime (embora se fale sem muita técnica em "queixa") feita perante a Autoridade Policial. A queixa-crime possui outro destino. É dirigida ao juiz e é peça processual, aliás, a primeira peça processual da ação penal privada. A oferta de queixa encontra cabimento tanto nos crimes de ação privada (e são delitos de ação privada aqueles cuja persecução a lei, expressamente, faz depender de queixa) como nos crimes de ação pública quando esta não é proposta nos prazos da lei. A queixa nos crimes de ação pública (ação privada subsidiária) é examinada nos comentários ao artigo 29. Sobre a queixa em geral, ver comentários aos artigos 30, 41 e 43.

1.10. CRIMES DE AÇÃO PRIVADA E DE AÇÃO PÚBLICA. DISTINÇÃO

1.10.1. Distinção

Como saber se um delito é de ação privada ou de ação pública? É simples. Como regra geral os delitos são de ação pública incondicionada, vale dizer, o Ministério Público propõe a ação penal com o oferecimento da denúncia independentemente de qualquer condição. Quando o delito for de ação privada, a lei assim o dirá expressamente, normalmente inserindo no texto da lei a seguinte informação: *"procede-se somente mediante queixa"*. Igualmente, se o delito for de ação pública condicionada à representação. Dessa maneira, em não havendo nenhuma observação, o delito é de ação penal pública incondicionada.

1.10.2. Critérios do legislador

Há sempre interesse público na persecução criminal dos agentes de delitos. Todavia, em certos delitos, face a características próprias dos mesmos, o Estado abre mão do interesse público em favor do interesse do particular, deixando a este a decisão quanto à conveniência ou não da ação penal. Tal se verifica especialmente naqueles delitos capazes de afetar com gravidade a intimidade do indivíduo, nos quais, muitas vezes, uma persecução criminal, com o *strepitus fori* que é inafastável, pode significar mal maior para a vítima do delito do que a própria pena para o delinqüente. Basicamente pode-se dizer que é em respeito e consideração aos sentimentos da vítima que determinadas ações penais para terem início necessitam de sua autorização.

1.10.3. Interpretação das normas que regulam a representação

Daí resulta uma conclusão importante, extremamente útil para a interpretação das normas que regulam a representação. A conclusão de que a representação é instituto criado em favor da vítima, não do agente ou do réu. Na dúvida, as normas que a regulam devem ser interpretadas em favor da vontade e dos interesses da vítima. Inaplicável na espécie o princípio do *favor rei*, o princípio em virtude do qual todos os instrumentos processuais devem tender para a declaração de certeza da não-responsabilidade do acusado. O princípio do *favor rei*, enquanto princípio geral de direito processual penal, resultante da regra do significado do processo como garantia individual, não é absoluto, admite exceções. Eis aí uma.

1.11. A AÇÃO PENAL NO CRIME COMPLEXO

1.11.1. Breve anotação

Conforme o disposto no artigo 101 do Código Penal, quando a lei considera como elemento ou circunstâncias agravantes de um crime fatos que, por si mesmos, constituem crimes, cabe a ação pública em relação àquele, desde que em relação a qualquer destes se deva proceder por iniciativa do Ministério Público. Damásio de Jesus, *in Código de Processo Penal Anotado*, 8. ed., São Paulo, Saraiva, 1990, em comentários ao artigo 24, registra a flagrante inutilidade desse dispositivo, o qual, inclusive, pode vir a provocar dúvidas. Como observa o eminente professor, em face de um crime complexo, para saber se o mesmo é de ação pública ou privada, basta verificar se a norma penal tratou da ação penal. Se não tratou, o crime é de ação pública.

1.12. O DIREITO-DEVER DE DENUNCIAR

1.12.1. A posição conservadora

Presentes os requisitos para o oferecimento da denúncia, o Ministério Público possui o dever de denunciar. É uma afirmação pacífica cuja validade deriva do princípio da obrigatoriedade da ação penal. Entretanto, quando se trata de estabelecer *quais são os requisitos para o oferecimento da denúncia*, inicia-se a divergência. Segundo a corrente conservadora, a qual parece predominar na doutrina e na jurisprudência, para o oferecimento da denúncia basta o fato típico e os indícios de autoria. O membro do Ministério Público gaúcho, José Antonio Paganella Boschi, *in Persecução Penal*, Rio de Janeiro, Aide, 1987, p. 164, sustenta a validade da posição conservadora. Diz que nesta fase, o Ministério Público não pode examinar o mérito da causa, sob pena de sobrepor-se ao órgão jurisdicional. Afirma que o processo criminal representa também uma garantia individual do cidadão, que, inocente, tem o direito dessa declaração através da sentença absolutória. Acrescenta a sua argumentação, razões de ordem prática, quais sejam, a de haver necessidade de confirmar-se jurisdicionalmente a veracidade do fato representado pela prova do inquérito. Boschi está bem acompanhado. O mestre Tourinho Filho, *opus cit.*, p. 352, na esteira de Florian, afirma que a denúncia deve ser oferecida se satisfeitos os seguintes pressupostos gerais: autoria conhecida, fato típico e provas mais ou menos idôneas a respeito da relação de causalidade.

1.12.2. A posição liberal

A nosso ver, a posição conservadora não é a mais acertada. Ficamos com o gaúcho Tael Selistre, cujas idéias são transcritas por José Antonio Boschi, *opus cit.*, p. 161 e seguintes. Tael Selistre sustenta que o processo só tem sentido quando se atribui a alguém a prática de um fato delituoso, ou seja, quando presentes a tipicidade, a culpabilidade e a antijuridicidade. Sustenta que assim deve ser entendida a expressão "fato narrado evidentemente não constituir crime" utilizada no artigo 43 do CPP, como um dos motivos ensejadores de rejeição da denúncia. Afirma que a primeira condição da ação penal é a possibilidade jurídica do pedido e esta só existe se houver um delito a ser averiguado, entendido este não apenas como um fato típico, mas também como um fato antijurídico e culpável.

Temos para nós que a denúncia só encontra cabimento quando for provável que determinada pessoa tenha praticado um delito. Dessa maneira, é preciso (1º) que seja provável que tenha se verificado um delito e (2º) que seja provável que determinada pessoa o tenha praticado. Seremos mais precisos: não é necessário que esteja provado que o agente não praticou o fato protegido por excludente de antijuridicidade. É necessário, sim, que a excludente de antijuridicidade não esteja provada. Quanto à culpabilidade - potencial consciência de antijuridicidade e exigibilidade de outra conduta - , idem, para denunciar se faz necessário que a sua ausência não esteja provada. Rendendo-se à opção finalista da reforma penal de 1984, que retirou a culpabilidade do delito, entendemos que a ausência de culpabilidade prejudica o direito-dever de denunciar não porque inexista crime, mas sim porque, no caso, inexiste interesse de agir (não há interesse de agir quando está provado que o agente está isento de pena). No livro *Do Inquérito Policial*, Porto Alegre, Livraria do Advogado, 1994, em comentário ao artigo 6º., arrolamos os requisitos do indiciamento. Todo o dito ali vale aqui. Os pressupostos para o oferecimento da denúncia são exatamente os mesmos pressupostos para o indiciamento em inquérito policial. Como *delito* significa fato típico e antijurídico, se faz imprescindível para *o reconhecimento da legalidade do indiciamento e da justa causa para a propositura da ação penal*: 1º - indícios razoáveis de autoria relativos à prática de fato dotado de tipicidade; 2º - não estar demostrada a ausência de culpa ou dolo; 3º - não estar demostrada a ausência de nexo de causalidade entre a ação e o resultado; 4º - não estar provada a existência de causa excludente de antijuridicidade. E, ainda, não ficar comprovada a inimputabilidade pela menoridade, a absoluta ausência da potencial consciência de antijuridicidade (erro de proibição escusável) ou a inexigibilidade de outra conduta. Não porque nessas hipóteses inexista o delito, pois que existe (apenas encontra-se ausente a culpabilidade que é condição de punibilidade), mas sim porque há falta de interesse de agir.

1.12.3. A dúvida como fundamento da ação penal

Objeto do processo penal não é a *hipótese acusatória* de Alfredo Vélez Mariconde, *in Estudios de derecho procesal penal*, Córdoba, Imprenta de la Universidad, 1956, v. II, p. 62, a *oposição concreta ou abstrata entre o direito de punir e o de liberdade* do tratadista italiano Giovanni Leone, *opus cit.*, V. I, p. 246, nem o *pedido de jurisdição* do jurista brasileiro Frederico Marques, *in Manual de direito processual civil*, 5.ed., São Paulo, Saraiva, 1977, V. I, p. 116. Objeto do processo penal é a identificação da relação jurídica substancial (de direito penal) que vincula o Estado ao acusado. Ou é aquela relação em que o sujeito ativo é o réu com direito de não ser punido e sujeito passivo é o Estado com o dever de assegurar esse direito ou é aquela outra relação em que está presente o direito de punir do Estado com o correlato dever do réu de sujeitar-se à pena. Enquanto inexistem indícios de autoria de crime em relação a determinada pessoa, há em relação a ela a certeza de que ocupa a posição ativa na relação jurídica de direito penal. No momento em que surgem indícios de autoria de delito em relação a alguém, fica-se em dúvida quanto à identidade da relação jurídica de direito penal que a vincula ao Estado. Daí nasce a ação penal como um direito do Estado. É da dúvida que nasce o direito de ação penal. A ação tem por fim afastar, através da instrução processual contraditória, esta dúvida.

Sobre a tese da identificação da relação jurídica enquanto objeto do processo ver nosso *Manual do Processo Penal*, Parte II, Capítulo 5.

Vista por este ângulo (da dúvida como pressuposto da ação) verifica-se que a ação penal não pode ter por origem fato no qual está provada a presença de excludente de antijuridicidade; não há como a ação penal nascer ou prosperar partindo da certeza da inexistência do direito de punir.

1.12.4. Temperando a posição liberal

A posição adotada não pode ser levada a extremos, ao ponto de aceitar-se como provada a inexistência de delito com simples *provas formais*. A prova há de ser de molde a possibilitar o completo convencimento. Especialmente naqueles delitos em que há vítimas determinadas, como no homicídio por exemplo, quando a ação penal, entre outras funções, cumpre com seu papel histórico de substituição da vingança privada. Talvez, com esta consideração, possam ser afastados os justos receios de Paganella Boschi em relação à prova inquisitiva.

1.13. PROVA DA MATERIALIDADE DA INFRAÇÃO PENAL

1.13.1. Requisito para o oferecimento da denúncia

É bastante comum a afirmação de que para o oferecimento da denúncia se faz necessária a prova da materialidade do fato nas infrações que deixam vestígios. Analisaremos o significado dessa afirmação. Antes, porém, o significado de Exame de Corpo de Delito.

1.13.2 Exame do corpo de delito

Exame deriva do latim *examen*, significando ponderação, averiguação. *Corpo de delito* é o resultado do crime e o conjunto de suas circunstâncias. O *exame do corpo de delito* visa o identificar as conseqüências sensíveis do fato criminoso. Sua finalidade é a de comprovar a materialidade do fato.

1.13.3. Nulidade do processo

Em razão da importância do exame de corpo de delito, o legislador processual penal, no art. 564, inciso III, letra *b*, sancionou a nulidade do processo quando ausente o exame do corpo de delito nos crimes que deixam vestígios. Assim, se o crime deixar vestígios e não se providenciar a realização do exame, nulo será o processo.

1.13.4. Exame direto e indireto

O artigo 564, inciso III, letra *b*, faz ressalva ao artigo 167. Salvo o disposto no artigo 167, nulo será o processo em que estiver ausente o exame do corpo de delito. É a seguinte a redação do artigo 167: *"Não sendo possível o exame do corpo de delito, por haverem desaparecidos os vestígios, a prova testemunhal poderá suprir-lhe a falta"*. A prova testemunhal referida pelo artigo 167 é o chamado exame do corpo de delito indireto. O exame do corpo de delito, direto ou indireto, será sempre realizado. Por determinação do art. 158, nem a confissão do acusado poderá suprir-lhe a falta. O exame do corpo de delito direto é feito por peritos. O indireto, através de testemunhas. Sem razão o entendimento de que no indireto as testemunhas devem relatar aos peritos o que presenciaram a fim de que estes façam, a seguir, o laudo. Basta a depoimento das testemunhas perante a autoridade policial ou judiciária. De ressaltar-se que a autoridade só recorrerá ao exame indireto, quando o direto estiver prejudicado por haverem desaparecido os vestígios.

1.13.5. O exame indireto há de ser convincente

Considerado que se exige no exame direto, realizado por pessoas comprovadamente capazes, uma descrição minuciosa (art. 160), não podem, ser dispensada no indireto, a clareza, a certeza e a uniformidade dos testemunhos. A prova testemunhal duvidosa não é substitutiva válida do exame dos peritos.

1.14. O REPRESENTANTE DO OFENDIDO

1.14.1. O ofendido menor

Se o ofendido for menor de 18 anos, a representação só poderá ser oferecida por seu representante. Se for maior de 18 anos e menor de 21 anos, tanto ele como seu representante poderão representar.

1.14.2. O representante

O representante do menor, para fins do disposto no artigo 24, não é necessariamente seu pai ou sua mãe. Pode ser qualquer pessoa que seja responsável pelo menor. Assim, poderá ser qualquer parente ou qualquer pessoa que tenha a guarda do menor. Essa norma do artigo 24 deve ser interpretada de forma extensiva em favor do ofendido, pois, como dissemos no item 1.10.3, o princípio do *favor rei* não se aplica às normas que versam sobre representação.

1.15. MORTE DO OFENDIDO

1.15.1. Considerações

No caso de morte do ofendido ou quando declarado ausente por decisão judicial, o direito de representação passará ao cônjuge, ascendente, descendente ou irmão. Tem-se sustentado que este dispositivo não pode ser ampliado para contemplar outras pessoas. Assim, a companheira não está autorizada a representar. O prazo de decadência para o sucessor começa a correr da data em que souber quem é o autor da infração (artigo 38, parágrafo único). Comparecendo mais de um dos enumerados aplica-se, quanto à preferência, o artigo 36, por analogia.

1.16. JURISPRUDÊNCIA

1.16.1. Pressupostos do direito-dever de denunciar

Para o oferecimento da denúncia bastam indícios, uma séria suspeita (RJTJRS 75/9), prova mínima (RJTJRS 81/24), juízo de suspeita, minimamente apoiado em elementos de informação do inquérito (RJTJRS 117/45), a comprovação da materialidade de fato típico e a existência de indícios suficientes de autoria (STJ - Pleno - DJU 08.06.92 - p. 8.594). É admissível o reconhecimento da legítima defesa antes de proposta a ação penal, requerendo o MP, por este motivo, o arquivamento do inquérito (TJPR - RT 664/303).

1.16.2. Necessidade do exame de corpo de delito para o oferecimento da denúncia

A inexistência do corpo de delito importa a rejeição da denúncia (TRF - 4ª Região - DJU 24.06.92 - p. 18.684).

1.16.3. Validade do exame do corpo de delito indireto

O exame de corpo de delito é indispensável quando a infração deixa vestígios, podendo ser suprido por prova testemunhal (STJ - DJU 21.09.92 - p. 15.704). Só na impossibilidade da realização de exame do corpo de delito, por haverem desaparecidos os vestígios, a prova testemunhal poderá suprirlhe a falta (STF - RTJ 58/86). É imprescindível o exame do corpo de delito. Se não se provar a impossibilidade de obtê-lo, nenhuma valia tem o exame indireto (RT 90/816).

Art. 25. A representação será irretratável, depois de oferecida a denúncia.

2. Representação e retratabilidade

2.1. CONSIDERAÇÕES

2.1.1. Retratabilidade

Enquanto não for oferecida a denúncia, o ofendido pode retratar-se, impedindo assim o início da ação penal. Uma vez oferecida a denúncia, eventual retratação não produz mais qualquer efeito.

2.1.2. Oferecimento da denúncia

É a partir do momento em que a denúncia é oferecida, e não do momento em que é recebida, que não cabe mais a retratação. Oferecimento da denúncia é a sua entrega em cartório.

2.1.3. Retratação da retratação

É possível. Não há nenhum dispositivo legal que impeça a retratação da retratação, ou seja, que a representação seja renovada após a retratação.

2.1.4. Retratação da requisição

Em que pese a opinião em sentido contrário de Tourinho Filho, entendemos ser viável a retratação da requisição. Ver o item 1.8.3.

2.2. JURISPRUDÊNCIA

2.2.1. Viabilidade da retratação. Momento

A retratação do ofendido ou de seu representante legal só é possível até o oferecimento da denúncia e não de seu recebimento (TJSP - RT 670/288).

Art. 26. A ação penal, nas contravenções, será iniciada com o auto de prisão em flagrante ou por meio de portaria expedida pela autoridade judiciária ou policial.

3. Artigo 26 do CPP. Revogação

3.1. DISPOSIÇÃO REVOGADA

3.1.1. Comentários

O artigo 26 do CPP foi revogado pelo artigo 129, inciso I, da Constituição Federal. Segundo esta norma constitucional é função institucional do Ministério Público promover, privativamente, a ação penal pública. Já fazia bastante tempo que a ação penal de ofício deste artigo 26 vinha sendo combatida pela doutrina. Observe-se, todavia, que a referida norma constitucional não revogou a ação penal privada subsidiária, eis que esta possui também previsão constitucional (artigo 5º, inciso LIX, da CF).

Art. 27. Qualquer pessoa do povo poderá provocar a iniciativa do Ministério Público, nos casos em que caiba a ação pública, fornecendo-lhe, por escrito, informações sobre o fato e a autoria e indicando o tempo, o lugar e os elementos de convicção.

4. Provocação do MP

4.1. POR QUALQUER PESSOA

4.1.1. Breves considerações

Em sendo crime de ação pública incondicionada qualquer pessoa do povo pode provocar o Ministério Público no sentido da propositura da ação penal. Para isto deverá fornecer-lhe os elementos de convicção. Se os elementos de convicção forem suficientes, o MP está autorizado a propor a ação penal. Se insuficientes, poderá ser requisitada, pelo MP, a abertura de inquérito policial.

DA AÇÃO PENAL 47

Art. 28. Se o órgão do Ministério Público, ao invés de apresentar a denúncia, requerer o arquivamento do inquérito policial ou de quaisquer peças de informação, o juiz, no caso de considerar improcedentes as razões invocadas, fará remessa do inquérito ou peças de informação ao procurador-geral, e este oferecerá a denúncia, designará outro órgão do Ministério Público para oferecê-la, ou insistirá no pedido de arquivamento, ao qual só então estará o juiz obrigado a atender.

5. O Arquivamento

5.1. PROCEDIMENTO E PRINCÍPIO PROCESSUAL

5.1.1. Procedimento

Após receber inquérito ou as peças de informação, o promotor público pode entender que não seja o caso de denunciar (ver item 1.6.2. sobre o poder-dever de denunciar). Neste caso deverá requerer o arquivamento do inquérito (ou das peças informativas) ao juiz. Se o juiz concordar procede-se ao arquivamento. Se discordar do pedido fará a remessa do inquérito ou peças de informação ao procurador-geral, e este poderá oferecer denúncia, designar outro promotor para fazê-lo ou insistir no pedido de arquivamento. Insistindo pedido de arquivamento, o juiz é obrigado a atender.

5.1.2. Princípio da iniciativa da parte

O artigo 28 do CPP reflete a adoção do princípio da iniciativa da parte. Também chamado princípio da ação, traduz a imprescindibilidade do pedido da parte para que a prestação jurisdicional seja concedida. Se o juiz pudesse promover de ofício a ação penal seria difícil para ele manter-se imparcial por ocasião do julgamento. Daí dizer-se que o princípio da ação reforça o da imparcialidade. Como se vê, o artigo 28 do CPP autoriza ao juiz certa fiscalização sobre o princípio da obrigatoriedade da ação penal. Mas fiscalização que há não vai ao ponto de atentar contra a iniciativa da parte. A última palavra, quanto à propositura da ação penal, pertence ao Ministério Público.

5.2. O PEDIDO IMPLÍCITO

5.2.1. A fundamentação do pedido como regra

A fundamentação do pedido de arquivamento é exigida pelo artigo 28 quando o mesmo se refere ao caso de o juiz considerar improcedentes *as razões invocadas*. A regra, portanto, é a de que sempre que o promotor seja da opinião de que o inquérito deva ser arquivado deverá requerer de maneira fundamentada o arquivamento. Da mesma maneira, se entender que em relação a determinado indiciado não existem elementos probatórios suficientes da prática de um delito (elementos relativos à autoria ou à existência de delito) deverá, no tangente à autoria ou ao fato, requerer o arquivamento. Desta forma, exemplificando, se não há indícios de autoria em relação a A, deve denunciar B e peticionar pelo arquivamento em relação a A. Outro exemplo: se a prova é conclusiva quanto ao fato de A ter agido protegido por excludente de antijuridicidade, deve denunciar B e peticionar pelo arquivamento em relação a A. Mais um exemplo ao qual deverá ser dada mesma solução: o fato praticado por A não é típico. Quando se fala em *arquivamento* em relação a um, havendo denúncia em relação a outro, evidente que dito *arquivamento* não é material, pois que o inquérito deverá acompanhar a denúncia do outro agente; é um *arquivamento* para fins de direito, para fins de produção dos efeitos do arquivamento.

5.2.2. Pedido implícito de arquivamento

Inobstante as considerações acima, pode o arquivamento ser implícito. Vale dizer, não denunciando um indiciado ou uma hipótese delitiva representada no histórico informativo (no inquérito ou peças de informação) é porque em relação àquele indiciado ou àquela hipótese o que há é pedido de arquivamento. Sem fundamentação, implícito, mas de qualquer forma, pedido de arquivamento com todos os efeitos jurídicos que decorrem deste ato. Em absoluto, não convencem as opiniões em sentido contrário, ou seja, que sustentam inexistir a figura do pedido implícito de arquivamento. Não é porque o ato não possui a fundamentação exigida pela lei que o mesmo inexistirá. Existirá, irregular, incompleto, mas não inexistente ou inválido. Assim, firmado que está que o pedido implícito de arquivamento produz os mesmos efeitos que o pedido expresso, fundamentado, verifica-se que (1º) no caso de o juiz discordar, deverá remeter as peças informativas ao procurador-geral e (2º) o arquivamento assim levado a efeito - que se completa, comumente, com a concordância implícita do juiz - só pode ser desfeito com o surgimento de novas provas, ou seja, a reabertura do inquérito (e a nova denúncia) só será cabível se surgirem novas provas (artigo 18 do CPP). Registre-se que há jurisprudência em sentido contrário. Ver abaixo em *Jurisprudência*.

5.3. VEDAÇÃO À AÇÃO PRIVADA SUBSIDIÁRIA

5.3.1. Arquivamento. Não-cabimento de ação penal privada subsidiária

Uma vez arquivado o inquérito a pedido do MP não encontra cabimento a propositura da ação penal privada subsidiária. A ação privada nos crimes de ação pública só pode ser proposta se esta última, na dicção do artigo 29, não for intentada no prazo legal. Tem-se entendido - e com razão - que a ação privada em crime de ação pública só pode ser proposta diante da inércia do Ministério Público. Se este órgão não se mantém inerte, pleiteando, na via judicial, o arquivamento, o qual é deferido, não há lugar para a ação privada substitutiva. Em tempos passados, conforme o noticiado por Eduardo Espinola Filho, *in Código de processo penal brasileiro anotado*. 5. ed., Rio de Janeiro, Rio, 1976, em comentários ao artigo 29, esta questão não era completamente pacífica. Havia entendimento no sentido de que o pedido de arquivamento equivalia para fins de propositura de ação privada a não-proposição da ação no prazo legal a que se refere o artigo 29. A tese hoje está superada. Só a inércia completa justifica a ação privada em crime de ação pública. É o que está assentado.

5.4. DESARQUIVAMENTO

5.4.1. Somente mediante novas provas

Em *Do Inquérito Policial*, em comentário ao artigo 18, do CPP, escrevemos: "Arquivado o inquérito por falta de provas, a autoridade policial não pode proceder a novas pesquisas, salvo se tiver notícia de novas provas. O arquivamento judicial do inquérito faz *coisa julgada*, utilizada a expressão no sentido de que essa decisão só será modificada se surgirem novas provas. É o princípio da estabilidade das decisões judiciais sobrepondo-se ao princípio da investigação do delito. A nova prova, como registrou o STF, deve ser substancialmente inovadora e não apenas formalmente nova (RT 540/393). De outra banda, parece de todo correta a posição de Mílton dos Santos Martins, quando diz que no caso de flagrante equívoco, erro gritante, das autoridades que levaram ao arquivamento judicial do inquérito, cabe o oferecimento de denúncia mesmo sem novas provas. É inaplicável de forma absoluta a norma da Súmula 524 do STF (RJTJRS 101/35)."

5.5. RECURSO

5.5.1 Contra a decisão de arquivamento

É sólida a jurisprudência no sentido do não-cabimento de recurso contra a decisão do juiz que defere o pedido de arquivamento do Ministério Público.

5.6. ECONOMIA POPULAR

5.6.1. Recurso de ofício

Conforme o estabelecido no artigo 7°, da Lei n° 1.521, de 26 de dezembro de 1951, a qual versa sobre os crimes contra a economia popular, o juiz recorrerá de ofício sempre que determinar o arquivamento dos autos de inquérito policial (inquérito que tenha por objeto os crimes definidos na Lei n° 1.521). Se o recurso for deferido pelo Tribunal, a solução será a remessa dos autos ao procurador-geral para fins do artigo 28 do CPP.

5.7. DISCORDÂNCIA DO JUIZ. REMESSA DOS AUTOS À POLÍCIA

5.7.1. Não-concordância com o pedido de arquivamento. Remessa dos autos à polícia

Pode o juiz, não concordando com o pedido de arquivamento formulado pelo promotor público, determinar a remessa dos autos à polícia para o fim de que se proceda a novas investigações? Embora exista entendimento em sentido contrário, não há dúvida quanto ao cabimento da providência pelo magistrado. Não há princípio de direito processual que impeça a aplicação do artigo 13, inciso II, do CPP, pelo qual incumbe à autoridade policial realizar as diligências requisitadas pelo juiz. Retornando os autos da polícia, o juiz deverá remetê-los ao procurador-geral para os fins do artigo 28. Se este insistir no pedido do promotor, então, neste caso, sim, o juiz está obrigado a determinar o arquivamento.

5.8. PROMOTOR DESIGNADO

5.8.1. Obrigação de denunciar

Não compete ao promotor designado pelo procurador-geral indagar sua consciência quanto ao cabimento ou não da denúncia. Age por delegação. Compete-lhe, apenas, denunciar. Não nos convence a tese de que o promotor designado o é para o fim de reapreciar o cabimento ou não da ação penal, podendo, dessa maneira, insistir no pedido de arquivamento. Na redação do artigo 28 (...*designará para oferecê-la*...) compete ao procurador-geral a decisão para só após ou insistir no arquivamento ou denunciar (pessoalmente ou delegando).

5.9. NOVAS PROVAS

5.9.1. Desarquivamento. Vistas ao MP

Conforme ressaltado por Tourinho Filho, *opus cit.*, V.I, p. 365, se o magistrado recebe novas provas relativas a inquérito arquivado deverá determinar vistas do inquérito acompanhado das novas provas ao MP. Se este entender haver suporte probatório, proporá a ação penal. Do contrário, insistirá no arquivamento. Discordando o juiz, aplica-se o artigo 28.

5.10. NOS TRIBUNAIS

5.10.1. Pedido de arquivamento

Em se tratando de processo de competência originária do Tribunal de Justiça, diante do requerimento de arquivamento do Procurador-Geral de Justiça, resta ao Tribunal acolher o pedido. O mesmo vale para o pedido do Procurador-Geral da República perante o STF. Quanto do requerimento do Procurador-Regional da República perante o Tribunal Regional Federal, quer parecer viável o indeferimento (aplicando-se por analogia o artigo 28) com remessa dos autos ao Procurador-Geral da República.

5.11. ARQUIVAMENTO ADMINISTRATIVO

5.11.1. Possibilidade

O arquivamento administrativo do inquérito ou peças de informação, sem apreciação judicial, com o advento da Lei Complementar nº 75, de 20 de maio de 1993, está autorizado. A faculdade do arquivamento administrativo (sem controle judicial) não significa que o representante do Ministério Público recebendo autos de inquérito ou peças informativa possa lançar simples despacho determinando o arquivamento. O que o representante do MP pode fazer é lançar um parecer no sentido do arquivamento submetendo, a seguir, seu entendimento à apreciação e decisão da Câmara de Coordenação e Revisão (em se tratando de Ministério Público Federal) ou à apreciação do Procurador-Geral de Justiça (em se tratando de Ministério Público Estadual). No âmbito do MPF é expressa a redação do inciso IV, do artigo 62, da Lei Complementar nº 75/93, segundo o qual compete às Câmaras de Coordenação e Revisão "manifestar-se sobre o arquivamento de inquérito policial, inquérito parlamentar ou peças de informação, exceto nos casos de competência do Procurador-Geral." A nível estadual aplica-se o disposto no artigo 80, da Lei nº 8.625/93 (que autoriza a aplicação subsidiária das normas da Lei Orgânica do MPF ao MPE) e, por analogia, o artigo 28 do CCP, para o fim de atribuir a competência administrativa para dar a palavra final sobre o arquivamento do inquérito ou peças informativas ao Procurador-Geral de Justiça.

5.12. RECEBIMENTO DA DENÚNCIA

5.12.1. Desnecessidade de fundamentação

Segundo repetida jurisprudência, não constitui constrangimento ilegal o recebimento de denúncia sem fundamentação.

5.13. JURISPRUDÊNCIA

5.13.1. Arquivamento implícito

O silêncio do Ministério Público em relação a acusados cujos nomes só aparecem depois em aditamento à denúncia não implica arquivamento quanto a eles. Só se considera arquivado o processo com o despacho da autoridade judiciária (CPP, art. 18) (STJ - DJU 14.09.92 - p. 14.979).

5.13.2. Recurso contra a decisão de arquivamento

Não há, no sistema jurídico brasileiro, possibilidade de recurso contra decisão judicial que acolhe pedido de arquivamento de peças de informação manifestada pelo órgão do Ministério Publico, dono da ação penal, ante princípio consagrado na parêmia *ne procedat iudex ex officio*, consoante torrencial jurisprudência e pacífica orientação doutrinária (TRF - 4ª Região - DJU 03.02.93, p. 1.977). No sentido de que cabe recurso, decisão isolada, mas com convincente argumentação de Roberto Nicolau Frantz: RJTJRS 98/20.

5.13.3. Não-concordância com o pedido de arquivamento. Remessa dos autos à polícia

Mesmo diante de pedido de arquivamento do MP, não há impedimento ao juiz de requisitar novas diligências à autoridade policial (RT 629/346). Se o juiz determina novas diligências, tal ato equivale a negar o pedido de arquivamento. Não pode outro promotor, mesmo com novas provas advindas das diligências, denunciar (STF - RT 618/405).

5.13.4. Pedido de arquivamento perante os Tribunais

O pedido de arquivamento de inquérito, feito pelo representante do Ministério Público, não vincula o Tribunal. A rejeição do pedido abre a possibilidade da propositura da ação penal privada subsidiária (STJ - Pleno - DJU 14.12.92 - p. 23.875). Em sentido contrário: inexistindo, a critério do Procurador-Geral, elementos que justifiquem o oferecimento de denúncia, não pode o Tribunal contrariar o pedido de arquivamento deduzido pelo chefe do Ministério Público (STF - Pleno - DJU 19.04.91, p. 4.581). Neste mesmo sentido: RT 619/367. Quanto à ação de competência originária do Tribunal Regional Federal: o Tribunal pode indeferir o pedido de arquivamento formulado pelo Procurador da República, determinando a remessa dos autos ao Procurador-Geral da República, para que este inicie a ação penal, sem que tal medida implique interferência na independência funcional daquele Órgão (TRF- 5ª Região - Pleno - DJU 05.06.92 - p. 16.007). Não possuímos a íntegra da decisão acima. Certamente a remessa ao Procurador-Geral é para o fim de que este avalie quanto ao cabimento da propositura da ação, e não para *que inicie a ação penal* como consta da ementa.

5.13.5. Recebimento da denúncia. Desnecessidade de fundamentação

Não é ato decisório para os efeitos da Constituição Federal, artigo 93, IX, o despacho que apenas recebe a denúncia ou a queixa, dispensando-se, por isso, o Juiz de fundamentá-lo (STJ - DJU 06.04.92, p. 4.504).

Art. 29. Será admitida ação privada nos crimes de ação pública, se esta não for intentada no prazo legal, cabendo ao Ministério Público aditar a queixa, repudiá-la e oferecer denúncia substitutiva, intervir em todos os termos do processo, fornecer elementos de prova, interpor recurso e, a todo tempo, no caso de negligência do querelante, retomar a ação como parte principal.

6. Ação penal privada subsidiária

6.1. AÇÃO PRIVADA NOS CRIMES DE AÇÃO PÚBLICA

6.1.1. Hipótese legal

Se a ação penal pública (dos crimes de ação pública) não for intentada, mediante a denúncia do MP, no prazo legal (prazos do artigo 46), admite-se a propositura de ação privada através de queixa do ofendido.

6.1.2. Fundamento constitucional

A ação penal privada subsidiária é uma garantia constitucional. Vem estatuída no artigo 5º, inciso LIX, da CF, que admite a *ação privada nos crimes de ação pública, se esta não for intentada no prazo legal.*

6.1.3. Prazo

O ofendido ou seu representante legal decai do direito de queixa se não o exercer dentro do prazo de 6 (seis) meses, contado do dia em que se esgotar o prazo para o oferecimento da denúncia (artigo 38 do CPP).

DA AÇÃO PENAL 57

6.2. PRAZO LEGAL

6.2.1. Pedido de arquivamento

A algum tempo era discutido se o requerimento de arquivamento equivalia a não propositura da ação penal no prazo legal para os efeitos do artigo 29. O entendimento jurisprudencial mais recente e predominante é o do que face a pedido de arquivamento (feito dentro ou fora do prazo legal), deferido pelo juiz, não cabe ação penal privada subsidiária.

6.2.2. Denúncia omissa quanto a fatos ou indiciados

Se o promotor público denuncia sem incluir alguns indiciados ou sem imputar determinados fatos, cabe, em relação aos indiciados e fatos omitidos, ação privada subsidiária? Entendemos que não. A omissão equipara-se a pedido de arquivamento em relação aos indiciados e fatos omitidos (pedido de arquivamento implícito).

6.3. PERDÃO, PEREMPÇÃO E RENÚNCIA E DECADÊNCIA

6.3.1. Inadmissibilidade do perdão e da perempção

O perdão e a perempção não são admissíveis na ação penal privada subsidiária, pois que estes dois institutos só se aplicam aos crimes *em que somente se procede mediante queixa* (artigos 105 do CP e 60 do CPP).

6.3.2. Admissibilidade da renúncia

O artigo 104 do CP diz que o direito de queixa não pode ser exercido quando renunciado. Como o artigo 104 do CP não distingue a queixa proposta nos crimes de ação privada da ofertada nos de ação pública, a renúncia se aplica a ambos os casos.

6.3.3. Admissibilidade da decadência

O ofendido ou seu representante decai do direito de queixa se não o exercer no prazo de seis meses contado do dia em que se esgotar o prazo para o oferecimento da denúncia (artigo 38 do CPP).

6.4. O MINISTÉRIO PÚBLICO E QUEIXA SUBSIDIÁRIA

6.4.1. A atuação do MP

Oferecida a queixa subsidiária, cabe ao MP aditar a queixa, repudiá-la e oferecer denúncia substitutiva, intervir em todos os termos do processo, fornecer elementos de prova, interpor recurso e, a todo tempo, no caso de negligência do querelante, retomar a ação como parte principal.

6.4.2. O não-aditamento. Conseqüências

Na opinião de Julio Fabbrini Mirabete, o não-aditamento por parte do MP equivale a um pedido de arquivamento ao qual, se discordar, o magistrado deverá dar o tratamento do artigo 28, encaminhando os autos ao Procurador-Geral. Não pensamos assim. O não-aditamento da queixa subsidiária por parte do MP significa apenas que o MP não tem nada a retificar ou complementar. O silêncio, sem o repúdio, significa que o MP concorda com os termos da queixa oferecida.

6.4.3. O repúdio. Conseqüências

No entendimento de Paganella Boschi, no caso de repúdio à queixa subsidiária por parte do MP, a ação não pode ter seqüência, salvo se se aplicar, por extensão, o preceito do artigo 28 e outro promotor for designado para oficiar no feito. Não concordamos também com essa posição. Se o MP expressamente repudia, sem oferecer de-

DA AÇÃO PENAL 59

núncia substitutiva - e no caso de repúdio não está obrigado a oferecer denúncia substitutiva - compete ao juiz, aplicando o disposto no artigo 43 do CPP, decidir se recebe ou não a queixa.

6.4.4. Oferecimento de denúncia substitutiva

Repudiando a queixa substitutiva, o MP pode oferecer ou não denúncia substitutiva. Não oferecerá se entender que não estão presentes os pressupostos do poder-dever de denunciar. Oferecerá se entender que sim, que estão presentes os pressupostos dos poder-dever de denunciar, e a queixa-crime, por razões diversas, não atende os requisitos de peça acusatória inicial de processo criminal. Caberá ao magistrado decidir se recebe a queixa-crime ou a denúncia substitutiva (somente receberá a denúncia se a queixa-crime contiver defeito). Assim, concluindo: se o MP silencia (não aditando) é porque concorda com os termos da queixa; se adita, é porque concorda, complementando ou retificando parcialmente a queixa; se repudia sem oferecer denúncia substitutiva, é porque não concorda com a propositura da ação penal - repúdio este que não vincula o juiz quem decidirá se recebe ou não a queixa; se repudia e oferece denúncia substitutiva, é porque concorda com a propositura da ação penal, mas não se satisfaz com os termos da queixa-crime.

6.4.5. Nulidade

A intervenção do MP em todos os termos da ação intentada pela parte ofendida nos crimes de ação pública (ação privada subsidiária) é obrigatória, sob pena de nulidade (artigo 564, inciso III, letra *d*).

6.4.6. Retomando a ação como parte principal

Na ação penal iniciada mediante queixa substitutiva, o Ministério Público só retoma a ação como parte principal no caso de negligência do querelante (fato este que depende de reconhecimento judicial a requerimento do MP).

6.5. JURISPRUDÊNCIA

6.5.1 Pedido de arquivamento

Diante do arquivamento judicial levado a efeito a requerimento do MP não cabe queixa subsidiária (RT 597/421). No mesmo sentido: STF, RT 653/389.

6.5.2. Denúncia omissa

Se a denúncia, inobstante oferecida e recebida, acolhe apenas em parte a representação, sem pleitear, fundamentadamente, seu arquivamento quanto as demais infrações nela inseridas, cabível é a queixa-crime por parte do representante (RT 627/316).

6.5.3. Requerimento de diligência desnecessária

Não oferecida a denúncia no prazo legal, em virtude de requerimento de diligência desnecessária, cabível é a ação penal privada (TASP, RT 643/306).

DA AÇÃO PENAL 61

Art. 30. Ao ofendido ou a quem tenha qualidade para representá-lo caberá intentar a ação privada.

7. O ofendido e seu representante

7.1. CONSIDERAÇÕES

7.1.1. Ofendido

Segundo Espinola Filho, ofendido é a pessoa imediata e diretamente atingida pelo crime.

7.1.2. Representante

Se o ofendido for menor de 18 anos, somente seu representante está autorizado a oferecer a queixa. Na falta do representante legal, quem tiver a guarda do menor poderá oferecer a queixa.

7.1.3. Queixa

A ação privada inicia-se com a apresentação da queixa. Queixa aqui deve ser entendida em seu sentido técnico: é a peça acusatória inicial da ação penal privada. Deve conter os requisitos do artigo 41 do CPP, em especial a narração o fato delituoso.

Art. 31. No caso de morte do ofendido ou quando declarado ausente por decisão judicial, o direito de oferecer queixa ou prosseguir na ação passará ao cônjuge, ascendente, descendente ou irmão.

8. Morte do ofendido

8.1. CONSIDERAÇÕES

8.1.1. Enumeração taxativa

Somente as pessoas enumeradas no artigo 31 podem oferecer queixa ou prosseguir na ação no caso de morte do ofendido ou quando declarado ausente.

8.1.2. Remissão
Ver artigo item 1.15.

8.1.3. Prazos
Ver artigo 38

DA AÇÃO PENAL 63

Art. 32. Nos crimes de ação privada, o juiz, a requerimento da parte que comprovar a sua pobreza, nomeará advogado para promover a ação penal.

§ 1º Considerar-se-á pobre a pessoa que não puder prover as despesas do processo sem privar-se dos recursos indispensáveis ao próprio sustento ou da família.

§ 2º Será prova suficiente de pobreza o atestado da autoridade policial em cuja circunscrição residir o ofendido.

9. *Ofendido pobre*

9.1. CONSIDERAÇÕES

9.1.1. Nomeação de advogado

Se o ofendido, nos crimes de ação privada, for pobre, o juiz, a requerimento da parte, nomeará advogado para promover a ação penal.

9.1.2. Definição de pobreza

Na definição legal, é pobre quem não puder prover as despesas do processo sem privar-se dos recursos indispensáveis à manutenção.

9.1.3. Prova de pobreza

Atestado passado pela autoridade policial. Admite-se prova em contrário.

9.1.4. Custas

No caso do artigo 32, a parte fica dispensada do adiantamento das custas (artigo 806).

Art. 33. Se o ofendido for menor de 18 (dezoito) anos, ou mentalmente enfermo, ou retardado mental, e não tiver representante legal, ou colidirem os interesses deste com os daquele, o direito de queixa poderá ser exercido por curador especial, nomeado, de ofício ou a requerimento do Ministério Público, pelo juiz competente para o processo penal.

10. Ofendido menor

10.1. CONSIDERAÇÕES

10.1.1. Ofendido menor

Se o ofendido for menor ou retardado mental e não tiver representante legal, ou colidirem os interesses do representante com os daquele, a queixa pode ser oferecida por curador nomeado pelo juiz.

10.1.2. Posição do curador especial

Uma vez nomeado, o curador especial não tem a obrigação de oferecer queixa. Deverá examinar se, no caso concreto, é interessante para o menor ou deficiente a propositura da ação penal.

DA AÇÃO PENAL 65

Art. 34. Se o ofendido for menor de 21 (vinte e um) e maior de 18 (dezoito) anos, o direito de queixa poderá ser exercido por ele ou por seu representante legal.

11. Queixa

11.1. DIREITO

11.1.1. Exercício pelo menor ou por seu representante

Se o ofendido for menor de 18 anos, somente o representante está autorizado a exercer o direito de queixa. Se for maior de 18 anos e menor de 21 anos, neste caso, o direito de queixa pode ser exercido tanto pelo ofendido como por seu representante, mesmo um se opondo ao outro.

11.1.2. Menor que atinge a maioridade

Se no curso da ação o menor atinge a maioridade, toma as rédeas da ação, pois que seu representante já não possui mais poderes para agir em nome do menor (*in* Jesus, Damásio - *opus cit.*, anotações ao artigo 34).

11.1.3. Prazo de decadência

O tema relativo ao prazo de decadência, se é um apenas ou se são dois, um para o menor e outro para o representante, é examinado adiante nos comentários ao artigo 38.

Art. 35. A mulher casada não poderá exercer o direito de queixa sem consentimento do marido, salvo quando estiver dele separada ou quando a queixa for contra ele
Parágrafo único. Se o marido recusar o consentimento, o juiz poderá supri-lo.

12. Mulher casada

12.1. REVOGAÇÃO

12.1.1. Do artigo 35

Este dispositivo foi revogado pela CF (artigo 3º, inciso IV e artigo 5º, inciso I).

Art. 36. Se comparecer mais de uma pessoa com direito de queixa, terá preferência o cônjuge, e, em seguida, o parente mais próximo na ordem de enumeração constante do art. 31, podendo, entretanto, qualquer delas prosseguir na ação, caso o querelante desista da instância ou a abandone.

13. *Direito de queixa*

13.1. PLURALIDADE DE PESSOAS

13.1.1. Breve comentário

Comparecendo mais de uma pessoa com direito de queixa, observa-se a ordem constante do artigo 31. Para que um exerça o direito de queixa, não é preciso que os legitimados da classe anterior inexistam, basta que não compareçam.

Art. 37. As fundações, associações ou sociedades legalmente constituídas poderão exercer a ação penal, devendo ser representadas por quem os respectivos contratos ou estatutos designarem ou, no silêncio destes, pelos seus diretores ou sócios-gerentes.

14. Queixa

14.1. PESSOAS JURÍDICAS

14.1.1. Breves comentários

A pessoa jurídica, na sistemática penal, não pode ser sujeito ativo de delito. Podem ser, sim, seus diretores ou administradores. Quanto a ser sujeito passivo do delito, nada há que impeça. Nesse caso, em se tratando de crime de ação privada, a pessoa jurídica está autorizada a propor a ação penal mediante queixa. Será representada em juízo por quem os estatutos ou contratos indicarem ou, no silêncio, pelos diretores ou sócios-gerentes.

DA AÇÃO PENAL 69

Art. 38. Salvo disposição em contrário, o ofendido, ou seu representante legal, decairá do direito de queixa ou de representação se não o exercer dentro do prazo de 6 (seis) meses, contado do dia em que vier a saber quem é o autor do crime, ou, no caso do art. 29, do dia em que se esgotar o prazo para o oferecimento da denúncia. Parágrafo único. Verificar-se-á a decadência do direito de queixa ou representação, dentro do mesmo prazo, nos casos dos arts. 24, parágrafo único, e 31.

15. Decadência

15.1. PRAZO DE DECADÊNCIA DO DIREITO DE QUEIXA E DE REPRESENTAÇÃO

15.1.1. O artigo 38 do CPP

O ofendido ou seu representante decai do direito de queixa ou de representação se não o exercer em 6 (seis) meses, contado do dia em que vier a saber quem é o autor do delito. No caso de ação privada subsidiária, contado do dia em que se esgotar o prazo para oferecimento da denúncia.

15.1.2. Início do prazo

O prazo inicia a correr no dia em que o ofendido ou seu representante toma conhecimento da autoria do delito. Enquanto o ofendido ou o representante possuem suspeitas, sem pleno convencimento, o prazo não corre.

15.1.3. Prazo penal

A decadência, ao contrário da representação, possui natureza penal. Assim, quanto a sua contagem, obedece à regra do artigo 10 do CP.

15.1.4. Prazo improrrogável

O prazo de decadência não pode ser prorrogado. Não se suspende nem se interrompe.

15.1.5. Exercício do direito de queixa e de representação

Enquanto a representação pode ser exercida perante a autoridade policial, a queixa, para o efeito de evitar a decadência, necessita ser ofertada em juízo. A *queixa* endereçada à polícia (que não é propriamente queixa, mas sim uma autorização-requerimento para a abertura de inquérito) não impede que o prazo de decadência continue a fluir normalmente.

15.2. PRAZOS INDEPENDENTES

15.2.1. A posição de Damásio de Jesus

Dentre nossos penalistas, quem melhor expõe seu ponto de vista neste assunto é Damásio de Jesus. Diz que se tratando de ofendido menor de 18 anos, o prazo não corre contra ele. O prazo flui para o representante legal contado da data do conhecimento da autoria do crime. Suponha-se que o menor possua 16 anos, transmitindo nesta mesma data o conhecimento da autoria a seu representante. A partir desta data o representante disporá do prazo de seis meses. Se não exercê-lo, o ofendido, ao completar 18 anos, disporá do prazo de seis meses para fazê-lo. E se o ofendido (de 16 anos) não conta o fato e autoria ao representante? Ao completar 18 anos, o ofendido terá o prazo de seis meses. Se não exercê-lo, seu representante, após este prazo, não poderá fazê-lo. É que o prazo é um só - explica o professor Damásio. Quando o ofendido é maior de 18 anos e menor de 21, o direito de queixa ou de representação pode ser exercido por ele ou por seu representante legal. Há um direito e dois titulares (Jesus, Damásio - *opus cit.*, p. 31).

15.2.2. A posição do STF

O tema é objeto de Súmula do STF. É a Súmula 594: "Os direitos de queixa e de representação podem ser exercidos, independentemente, pelo ofendido ou por seu representante legal." Assim, segundo esta tese, supondo-se que o menor ofendido possua 15 anos, não comunicando o fato e a autoria a seu representante legal, chega ao 18 anos e 7 meses sem exercer o direito de representação ou queixa, mesmo assim, o representante legal, tomando conhecimento da autoria e do fato, enquanto o menor possuir menos de 21 anos, poderá exercer o direito de queixa ou de representação.

15.3. DECADÊNCIA NA AÇÃO PENAL PRIVADA SUBSIDIÁRIA

15.3.1. Possibilidade

O instituto da decadência aplica-se à ação penal privada subsidiária. Na hipótese, o prazo de seis meses é contado a partir do dia em que se esgotar o prazo para o oferecimento da denúncia (prazos do artigo 46).

15.4. O PARÁGRAFO ÚNICO

15.4.1. Artigos 24, parágrafo único, e 31

Segundo o disposto no parágrafo único deste artigo 38, verificar-se-á a decadência do direito de queixa ou representação, dentro do mesmo prazo, nos casos dos artigos 24, parágrafo único, e 31. A indagação que se impõe é a seguinte: a contar de quando corre o prazo, da morte do ofendido ou da data em que as pessoas arroladas nos artigos 24 e 31 tomam conhecimento do fato e autoria? Foi justamente esta indagação que o parágrafo único do artigo 36 procurou resolver, dizendo que a decadência verificar-se-á *dentro do mesmo prazo*. É dentro do mesmo prazo do *caput*, ou seja, prazo que se conta do conhecimento da autoria.

15.5. JURISPRUDÊNCIA

15.5.1. Prazos independentes

O direito de queixa ou de representação é autônomo, podendo ser exercido independentemente pela vítima menor de 21 anos e maior de 18 anos ou por seu representante legal, o que significa a existência de dois prazos. Assim, operada a decadência em relação à primeira, o direito de queixa ou de representação continuará sob a titularidade do segundo, para quem o prazo decadencial começará a ser contado a partir do conhecimento da autoria do crime (TJMG - RT 621/349).

DA AÇÃO PENAL 73

Art. 39. O direito de representação poderá ser exercido, pessoalmente ou por procurador com poderes especiais, mediante declaração, escrita ou oral, feita ao juiz, ao órgão do Ministério Público, ou à autoridade policial.

§ 1º A representação feita oralmente ou por escrito, sem assinatura devidamente autenticada do ofendido, de seu representante legal ou procurador, será reduzida a termo, perante o juiz ou autoridade policial, presente o órgão do Ministério Público, quando a este houver sido dirigida.

§ 2º A representação conterá todas as informações que possam servir à apuração do fato e da autoria.

§ 3º Oferecida ou reduzida a termo a representação, a autoridade policial procederá a inquérito, ou, não sendo competente, remetê-lo-á à autoridade que o for.

§ 4º A representação, quando feita ao juiz ou perante este reduzida a termo, será remetida à autoridade policial para que esta proceda a inquérito.

§ 5º O órgão do Ministério Público dispensará o inquérito, se com a representação forem oferecidos elementos que o habilitem a promover a ação penal, e, neste caso, oferecerá a denúncia no prazo de 15 (quinze) dias.

16. A representação

16.1. NATUREZA

16.1.1. Debate antigo

É antigo o debate doutrinário que se trava em relação à natureza da representação. Segundo alguns, possui natureza processual. Para outros, penal. Para uma terceira corrente, a representação possui natureza mista.

16.1.2. Natureza processual da representação e material da decadência

A nosso ver, a representação possui natureza processual. Normas que versam sobre a forma, o conteúdo, os destinatários e a legitimidade para o oferecimento da representação são normas de natureza processual. Portanto, aplica-se a elas a regra de direito intertemporal da aplicação imediata. Pouco importa a data do delito, aplica-se à representação as normas que estiverem em vigor por ocasião de seu oferecimento. Por outro lado, de se esclarecer o seguinte: a norma que diz que em determinado delito procede-se mediante representação, esta norma específica não possui natureza processual, e sim natureza material. Por quê? Pelo seguinte: está nela implícita a norma de que o não-oferecimento de representação (instituto de natureza processual) acarreta em decadência, a qual extingue o direito de punir. A regra implícita prescreve: "se neste crime não for oferecida representação no prazo legal, verificar-se-á a decadência que extingue o direito de punir". Esta norma possui natureza penal. Tal porque regula, extinguindo-o, o direito de punir do Estado. A decadência é instituto de natureza material. A norma que condiciona a persecução do delito à vontade da vítima é norma que institui a decadência, instituto de natureza material. Dessa maneira, se quando o delito foi praticado, sua persecução dependia de representação e, posteriormente, deixa de depender, aplica-se a norma (*de decadência*) vigente ao tempo do delito. Mesmo não havendo mais necessidade da representação, a persecução do delito praticado sob a égide da lei anterior depende, ainda, da representação (é a regra da irretroatividade da lei penal mais gravosa - a exclusão da decadência é mais gravosa ao réu). Igualmente, se a norma posterior faz a persecução, ao contrário da norma anterior, depender de representação, neste caso, aplica-se a nova norma, tornando-se necessária a apresentação da representação no curso do processo com vistas a evitar a decadência (é a aplicação da regra da retroatividade da lei mais benigna - estabelecer a possibilidade de decadência para o crime é norma mais benigna para o réu). Enquanto isso, normas que versarem sobre legitimidade, conteúdo, forma e destinatários da representação são de aplicação imediata.

16.2. O REPRESENTANTE

16.2.1. Menor de 18 anos

Se o ofendido for menor de 18 anos a representação será oferecida por seu representante.

16.2.2. Menor de 18 anos ou retardado mental sem representante

A representação pode ser oferecida por curador especial nomeado pelo juiz (aplica-se o artigo 33).

16.2.3. Maior de 18 e menor de 21 anos

Se pode o mais, que é oferecer queixa (artigo 34), pode, certamente, o menos, que é oferecer representação.

16.2.4. A figura do representante

O representante do menor, para fins do disposto no artigo 24, não é necessariamente seu pai ou sua mãe. Pode ser qualquer pessoa que seja responsável pelo menor. Assim, poderá ser qualquer parente ou qualquer pessoa que tenha a guarda do menor.

16.2.5. Ilegitimidade do representante

Pode ser sanada (artigo 568).

16.3. REPRESENTAÇÃO ATRAVÉS DE PROCURADOR

16.3.1. Comentários

A representação pode ser feita através de procurador, desde que munido de poderes especiais. A falta de poderes especiais na procuração é suprida pela exteriorização da vontade (representação tácita) do ofendido de ver punido o autor do delito. Esta exteriorização se verifica através do registro de ocorrência, do testemunho judicial da vítima, etc. Conforme esclareceremos adiante, no item 16.6., a representação é a vontade da vítima de que o autor (seja quem for ele) de um delito seja punido. Esta vontade (esta representação) pode ser exteriorizada pelo ofendido de diversas maneiras, inclusive documentalmente, como prevê este artigo 39.

16.4. DESTINATÁRIOS DA REPRESENTAÇÃO

16.4.1. A autoridade policial

A representação é normalmente dirigida à autoridade policial. Se a mesma noticia a prática de delito, compete à autoridade policial determinar a abertura de inquérito policial.

16.4.2. O promotor público

A representação poderá ser dirigida ao promotor público. Se vier acompanhada de elementos de prova suficientes relativos ao crime e a autoria a ação pode ser proposta independentemente da abertura de inquérito policial (§ 5º, do artigo 39). Se os elementos indiciários fornecidos pelo representante forem insuficientes, o promotor público deverá requisitar a abertura de inquérito policial.

16.4.3. O juiz

Oferecida a representação ao juiz, se acompanhada de elementos indiciários suficientes, o magistrado deverá encaminhá-la ao MP. Se desacompanhada de elementos indiciários, deverá determinar a abertura de inquérito policial (§ 4º, do artigo 39).

16.5. REDUÇÃO A TERMO

16.5.1. Comentários

Segundo o disposto no § 1º, deste artigo 39, *a representação feita oralmente ou por escrito, sem assinatura devidamente autenticada do ofendido, de seu representante legal ou procurador, será reduzida a termo, perante o juiz ou autoridade policial, presente o órgão do Ministério Público, quando a este houver sido dirigida.* É uma norma procedimental. Sugere comportamentos. A não-obediência a sua literalidade não importa em nenhuma sanção. Assim, nada impede que o juiz recomende à parte que compareça perante a autoridade policial; que o juiz sugira a autenticação da firma; que a autoridade policial reduza a termo, mesmo tendo sido feita por escrito, com firma autenticada; que o próprio órgão do Ministério Público reduza a termo, etc.

16.6. FORMA E CONTEÚDO DA REPRESENTAÇÃO

16.6.1. Comentários

Representação é a manifestação de vontade do ofendido ou de seu representante no sentido de que o autor (mesmo que seja desconhecido inicialmente) de um delito se submeta à persecução criminal. Conforme sustentou - e acertadamente - Gilberto Niederauer Corrêa, uma vez liberada a autoridade, pela oportuna representação, investiga-se e aciona-se quem quer que haja praticado ou participado do delito, independentemente de figurar, ou não, seu nome como representado (RJTJRS 106/76). A manifestação de vontade pode ser explícita ou implícita. Dispensa forma. As regras de forma da representação deste artigo 39 não passam de sugestões do legislador, cuja não-adoção por parte do ofendido ou seu representante não implica invalidade da representação (da manifestação de vontade). Dessa maneira, é representação o simples registro de ocorrência policial na qual é requerida a abertura de inquérito policial. É, também, representação o testemunho do ofendido esclarecendo o fato delituoso.

16.7. INTERPRETAÇÃO DAS NORMAS QUE REGULAM A REPRESENTAÇÃO

16.7.1 Remissão

É inaplicável o princípio do *favor rei*. Ver item 1.10.3.

16.8. JURISPRUDÊNCIA

16.8.1. Guarda de menor

A representação pode ser feita por quem tem a guarda do menor (RJTJRS 94/185).

16.8.2. Falta de poderes especiais na procuração

Pode ser suprida com o registro de ocorrência do crime feito pela vítima e com suas declarações autuadas no inquérito (RT 643/393).

16.8.3. Forma da representação

Não necessita forma especial, basta que seja externada a vontade da vítima (RJTJRS 76/41). Dispensa formalismos, sendo suficiente as declarações que o pai presta no inquérito (RJTJRS 89/151) ou a apresentação da filha na delegacia (RJTJRS 89/72) ou o registro de ocorrência (RJTJRS 94/81 e 94/90).

16.8.4. Conteúdo da representação

A representação autoriza a persecução de quem possa ter praticado o delito, ainda que não indicado nominalmente (RJTJRS 106/76).

Art. 40. Quando, em autos ou papéis de que conhecerem, os juízes ou tribunais verificarem a existência de crime de ação pública, remeterão ao Ministério Público as cópias e os documentos necessários ao oferecimento da denúncia.

17. Conhecimento de crime

17.1. PELOS JUÍZES

17.1.1. Providências

Quando os juízes, examinando processos de quaisquer natureza, tomarem conhecimento da existência de delito de ação pública deverão, conforme o estabelecido neste artigo 40, remeter ao Ministério Público as cópias e os documentos necessários ao oferecimento da denúncia. Entendendo o magistrado que os documentos existentes não são suficientes para embasar a ação penal, poderá remetê-los, em vez de ao Ministério Público, diretamente à autoridade policial, requisitando a abertura de inquérito. A requisição de inquérito por parte do Juiz e mesmo do Ministério Público não importa em obrigação da autoridade policial de indiciar. O indiciamento de suspeito só terá cabimento se a autoridade policial concluir pela existência de indícios. Salvo se a ordem judicial ou ministerial de abertura de inquérito vier acompanhada de requisição de indiciamento. Sobre o assunto ver nosso *Do Inquérito Policial*, 1994, em comentários ao artigo 6º.

DA AÇÃO PENAL 81

Art. 41. A denúncia ou queixa conterá a exposição do fato criminoso, com todas as suas circunstâncias, a qualificação do acusado ou esclarecimentos pelos quais se possa identificá-lo, a classificação do crime e, quando necessário, o rol das testemunhas.

18. Elementos da denúncia e da queixa

18.1. QUEIXA

18.1.1. Remissão

A seguir, tudo o que é dito para a denúncia vale, em princípio, para a queixa. Ver, ainda, comentários aos artigos 24, 30 e 43.

18.2. DENÚNCIA

18.2.1. Remissão

Ver item 1.6.comentários.

18.2.2. Elementos

Este artigo 41 arrola os elementos da denúncia. São eles: a) a exposição do fato criminoso; b) as circunstâncias do fato criminoso; c) a qualificação do acusado, ou esclarecimentos pelos quais se possa identificá-lo; d) a classificação do crime (o dispositivo penal violado); e) o rol de testemunhas, quando necessário; f) a assinatura do promotor público.

18.2.3. A nulidade do processo por falta de denúncia

Segundo o disposto no artigo 564, inciso III, letra *a*, do CPP, a ausência de denúncia importa em nulidade do processo. Isto porque a denúncia é ato essencial do processo. Imputando ao acusado um fato determinado, possibilita que o mesmo possa promover sua defesa através do contraditório da instrução processual. Quando o artigo 564 do CPP sanciona a nulidade do processo por falta de denúncia, deve se ter em conta que não é só a ausência material da peça acusatória inicial que acarreta em nulidade. A peça pode estar materialmente presente e firmada pelo promotor público, entretanto, pode lhe faltar um requisito de existência. A falta de requisito de existência equivale à própria inexistência da denúncia. Entende-se, na doutrina e nas decisões dos Tribunais, que a falta da exposição do fato criminoso na peça acusatória equipara-se à inexistência da mesma. Evidente que, ainda nesta hipótese, é possível que a falta da exposição do fato não se trate da falta material, total e completa, mas de uma deficiência significativa na exposição dos fatos de modo a não deixar clara a hipótese delitiva que é imputada ao réu. Meditando sobre a questão da nulidade da denúncia chegamos à conclusão de que não é possível estabelecer um limite mínimo descritivo da hipótese delitiva para o fim de demarcar o terreno da eficácia da denúncia. A aferição de nulidade depende fundamentalmente dos efeitos que a denúncia produziu sobre a defesa do réu. O que se quer dizer é que uma "mesma denúncia" pode ser válida em um processo e não o ser em outro. Se em um processo, inobstante suas deficiências descritivas, a defesa do réu se faz presente, não sofrendo nenhum prejuízo, não há nulidade. Por outro lado, se as deficiências narrativas provocam prejuízo ao direito de defesa do réu e, por conseqüência, ao contraditório, então, neste caso, a nulidade estará presente. De forma que a conclusão a que se chega é a de que a validade da denúncia deficiente deve ser aferida tendo em vista a defesa produzida.

18.3. O SUPRIMENTO DAS OMISSÕES DA DENÚNCIA

As omissões da denúncia ou queixa podem ser supridas a todo tempo antes da sentença final (artigo 569 do CPP). Ausentes formalidades na denúncia, as mesmas podem ser supridas a todo tempo antes da sentença. Já o requisito de existência - a falta de exposição do fato criminoso - não equivale à mera omissão para fins do artigo 569. A falta de exposição do fato criminoso importa em nulidade da denúncia. Não pode ser suprida. A denúncia deve ser anulada para o fim de que outra seja lançada.

18.3.1. A exposição do fato criminoso

Este é, sem nenhuma dúvida, o elemento mais importante da denúncia. Tal porque é o elemento que possibilita ao acusado exercer o direito de ampla defesa constitucional. É o elemento que propicia o contraditório da instrução criminal. Não é viável o exercício do direito de defesa por parte do acusado sem que saiba exatamente qual o fato lhe é imputado. Não há como negar o que ocorreu, se não se sabe o que se diz que ocorreu. Não é possível alguém negar e provar que não estava em determinado local, se não souber que local se diz que estava. Como afirmamos acima, no item 18.2.3., a falta da exposição do fato criminoso equivale à própria inexistência da denúncia, o que acarreta na nulidade do processo. Quanto à deficiência da exposição - também examinada no item referido - , a mesma, para acarretar em nulidade, deve ser vista relacionada com a defesa produzida. Se a deficiência descritiva acarreta prejuízo ao direito de defesa, há nulidade.

18.3.2. As circunstâncias do fato criminoso

A denúncia, nos termos do artigo 41, do CPP, deve conter a exposição do fato criminoso, com todas suas circunstâncias. Hélio Tornaghi, *opus cit.*, recorda o verso latino: *"Quis? Quid? Ubi? Quibus auxiliis? Cur? Quomodo? Quando?"* A primeira, *Quis*, refere-se a quem. A segunda, *Quid*, "que coisa", diz respeito aos acidentes do evento. A terceira e a quarta relacionam-se, respectivamente, com o lugar e os participantes. A quinta, *Cur*, "porque", diz respeito à razão do crime. *Quomodo*, "de que maneira". *Quando*, "quando", relativa ao tempo do crime.

18.3.3. Qualificação do acusado

A denúncia deve conter a *qualificação do acusado ou esclarecimentos pelos quais se possa identificá-lo* (artigo 41). A denúncia não precisa necessariamente conter o nome, a nacionalidade, o estado civil e a profissão do acusado. O importante é que através da denúncia se possa identificá-lo. A denúncia não pode ser feita contra pessoa indeterminada. Só pode ser oferecida contra pessoa determinada. Dessa maneira, perfeitamente válida, por exemplo, a denúncia que imputa um fato delituoso a alguém, domiciliado em endereço determinado, com características físicas determinadas e descritas, filho de pessoa determinada. Basta que os elementos contidos na denúncia sejam suficientes para identificar a pessoa que está sendo acusada. O nome, o estado civil, etc., são secundários, pois que podem ser esclarecidos no curso da instrução processual.

18.3.4. A classificação do crime

A denúncia deve conter a classificação do crime, vale dizer, o dispositivo penal infringido pelo denunciado. Tem-se entendido que a falta de capitulação ou a capitulação incorreta do delito não acarreta em nulidade da denúncia, pois que o acusado defende-se de fatos que lhe são objetivamente imputados e não de dispositivos penais. Nesse sentido a jurisprudência é pacífica e torrencial.

18.3.5. Rol de testemunhas

A denúncia deve conter, *quando necessário, o rol de testemunhas* (artigo 41). Nem sempre é necessário relação de testemunhas. Há crimes que podem ser provados no curso da instrução criminal independentemente da inquirição de testemunhas.

18.3.6. A assinatura

O artigo não menciona, mas a obrigatoriedade da assinatura do promotor público na denúncia é implícita. Importa em nulidade? Problema complicado. Em princípio não há nulidade. Mas como fica o caso do acusado que não promove sua defesa em todo o curso do processo para ao final dizer que não se defendeu porque a denúncia não está assinada? A presença do promotor na audiência, inquirindo testemunhas e oferecendo razões finais no sentido da condenação, suprem a falta de assinatura? E se o promotor, por uma razão qualquer, não compareceu nas audiências a que o acusado se fez presente? Este é o terreno das lacunas da lei. O exame do caso concreto deverá ser resolvido com o auxílio da integração, fazendo-se uso dos princípios gerais de direito.

18.4. TEMAS DEBATIDOS NA DOUTRINA

18.4.1. O recebimento da denúncia e o posterior reconhecimento de sua nulidade pelo juiz

Segundo forte corrente doutrinária, uma vez recebida a denúncia, o magistrado fica impedido de em momento posterior reconhecer sua nulidade. Quer nos parecer que esta tese afronta sobretudo o bom-senso. O juiz, em um momento de distração (por que não?), recebe denúncia nula. Adiante, percebe a nulidade. Segundo aquela corrente, terá de levar adiante o processo até seu termo, mesmo convencido da absoluta nulidade da denúncia. Não tem sentido. Ao final, fará o que? Condenará? Evidente que não, está convencido da nulidade. Absolverá? Nulidade não é motivo para absolvição, mas para anulação. Anulará? Mas por que não anulou antes!

18.4.2. O reconhecimento da nulidade da denúncia após a sentença

Não são poucas as decisões no sentido de que, uma vez prolatada a sentença, eventual nulidade da denúncia fica sanada. Se vício houver, este será da sentença que teve por fundamento uma denúncia inválida. Discordamos. A nulidade da denúncia pode ser declarada após prolatada a sentença. É a denúncia que é nula. Verdade que a sentença, uma vez reconhecida a nulidade da denúncia, torna-se nula também, pois que os efeitos da nulidade da denúncia se estendem para todo o processo, inclusive para a sentença. Diante da nulidade da denúncia, mesmo havendo sentença, o que deve ser atacado, na apelação ou mesmo posteriormente com o trânsito em julgado, continua sendo a denúncia, e não a sentença. A nulidade da sentença, no caso, é decorrência dos efeitos do reconhecimento da nulidade da primeira peça processual. Examinando mais concretamente: a denúncia não expõe o fato criminoso. Em face disso, o réu tem a sua defesa prejudicada. Conseqüência é a sentença condenatória com base no depoimento das testemunhas da acusação - as quais não são contraditadas por testemunhas de defesa (pois que o réu, sem saber do que precisamente está sendo acusado, não produz prova testemunhal). A sentença, com base na prova produzida na instrução, resta bem fundamentada. Essa sentença, vista isoladamente, é defeituosa? Certo que não. O fato de ela apresentar-se formalmente perfeita, entretanto, não implica necessariamente sua validade. Na instrução houve prejuízo de defesa ao acusado em conseqüência de denúncia nula.

Uma vez prolatada a sentença, o que tem de ser examinado é a denúncia. Se nula, assim há de ser declarada. A invalidade da sentença será conseqüência.

18.5. JURISPRUDÊNCIA

18.5.1. A exposição do fato criminoso. Inocorrência de nulidade

A denúncia só é inepta quando causa prejuízo para defesa do acusado, pouco importa tenha omitido o local e a data do fato (RJTJRS 77/83). É válida a denúncia que descreve os fatos, ainda que suscintamente (RT 617/341).

18.5.2. A exposição do fato criminoso. Presença de nulidade

É inepta a denúncia que se limita a reproduzir as palavras com que a lei identifica o tipo penal (RJTJRS 95/62 e STJ - RHC 16930 - DJU 27.04.92 - p. 5.507). É nula a denúncia que não descreve o fato com todas suas circunstâncias (RT 643/299). Se a denúncia descreve genericamente o comportamento do acusado, omitindo suas circunstâncias, não possibilitando, diante dessa omissão, a ampla defesa, é inepta (RJTJRS 81/90, 83/115). Em delito de apropriação indébita é nula a sentença que se baseia em denúncia se não especifica a quantia apropriada (TRF - 4ª Região - DJU 05.08.92 - p. 22.719).

18.5.3. Denúncia na co-autoria e no delito societário

Deve descrever o comportamento de cada acusado, ainda que resumidamente (RJTJRS 89/28). É nula a denúncia que descreve crime societário se omite qual foi a participação dos denunciados que exerciam funções desvinculadas das atribuições que possam dizer com os ilícitos imputados (STF 644/344). Em sentido contrário: a denúncia, abrangendo todos os diretores da pessoa jurídica, não importa em opção para responsabilidade penal objetiva, pois tem conteúdo de uma proposta da qual resultará individualizada a responsabilidade pelo delito (RHC 65491 - STF). É desnecessária a individualização da conduta de cada co-denunciado em caso de autoria conjunta ou coletiva (RT 615/345, 617/293, 652/282).

18.5.4. O dispositivo violado

O réu se defende do fato, não da capitulação (RJTJRS 75/46, 75/25, 77/20, 108/22).

18.5.5. Denúncia que arrola mais testemunhas do que o autorizado

Não há nulidade na denúncia que arrola onze testemunhas, todas ouvidas na instrução (RT 588/307).

18.5.6. Promotor que não exercia mais suas funções

É nula a denúncia oferecida por promotor que já não exercia mais as suas funções na Vara (RJTJRS 84/28).

18.5.7. Nulidade da denúncia reconhecida após a sentença

Existindo condenação motivada por denúncia, a eventual inépcia da peça acusatória já não mais poderá ser alegada. Em tal situação, impõe-se questionar, se for o caso, a própria decisão condenatória, e não mais a denúncia que a motivou (STF - Tribunal Pleno - DJU 28.08.92, p. 13454). No mesmo sentido: RT 615/300 e RT 647/351. Conforme expusemos no 18.4.2., não é possível concordar com este entendimento.

Art. 42. O Ministério Público não poderá desistir da ação penal.

19. Ação penal

19.1. INDISPONIBILIDADE

19.1.1. Remissão

O processo penal é indisponível por razão indireta. A indisponibilidade da relação jurídica processual decorre da indisponibilidade da relação jurídica material de direito penal. Sobre a indisponibilidade da ação penal ver item 1.4.3.

Art. 43. A denúncia ou queixa será rejeitada quando:
I - o fato narrado evidentemente não constituir crime;
II - já estiver extinta a punibilidade, pela prescrição ou outra causa;
III - for manifesta a ilegitimidade da parte ou faltar condição exigida pela lei para o exercício da ação penal.
Parágrafo único. Nos casos do nº III, a rejeição da denúncia ou queixa não obstará ao exercício da ação penal, desde que promovida por parte legítima ou satisfeita a condição.

20. Rejeição da denúncia e da queixa

20.1. CONDIÇÕES DA AÇÃO

20.1.1. As condições da ação

São três as condições da ação: a possibilidade jurídica do pedido, o interesse de agir e a legitimidade. As condições da ação são aqueles requisitos que devem estar presentes em toda e qualquer ação.

20.2. INÉPCIA DA DENÚNCIA

20.2.1. Comentários

Inepto, diz Aurélio, é sem nenhuma aptidão. Incapaz, tolo, idiota. A denúncia é tola, idiota, inepta quando (1) estiver ausente condição da ação ou quando (2) for nula. No primeiro caso, de inépcia em sentido estrito, falta condição da ação (possibilidade jurídica, interesse e legitimidade). No segundo caso, de nulidade da denúncia, faltam os requisitos formais (requisitos de existência

DA AÇÃO PENAL 91

ou formalidades essenciais) na peça acusatória (artigo 41 do CPP).

20.3. MOTIVOS ENSEJADORES DA INÉPCIA

20.3.1. Ausência de possibilidade jurídica do pedido

A possibilidade jurídica do pedido é uma das condições da ação. Significa que o autor da ação deve pedir algo viável no plano abstrato. O pedido deve conformar-se com a lei em tese. Assim é juridicamente impossível a descrição de fato atípico seguida de pedido de condenação à pena privativa de liberdade. Exemplo: "a denunciada *A* estava vestindo calças e por isso peço sua condenação à prisão." Usar calças não é delito. Também é juridicamente impossível a descrição de fato típico seguida do pedido de condenação à pena não prevista em lei. Exemplo: "*A* furtou um relógio, pelo que peço seja enforcado." Ao contrário de certos países ditos mais desenvolvidos, no Brasil, o enforcamento não é previsto em lei. Igualmente, não é juridicamente possível a descrição de fato praticado sob a proteção de excludente de antijuridicidade seguida de pedido de condenação. Exemplo: "*A* matou *B* em defesa legítima, pelo que peço sua condenação." Diante da excludente de antijuridicidade inexiste o crime e, por conseqüência, não há possibilidade da existência de direito de punir.

20.3.2. Punibilidade extinta como causa de impossibilidade jurídica do pedido

Normalmente colocada em capítulo a parte, a punibilidade extinta, pela prescrição ou outra causa, é, em verdade, uma das razões que conduz ao reconhecimento da impossibilidade jurídica do pedido. Se o delito está prescrito, é juridicamente impossível pedir a condenação de seu autor.

20.3.3. Ausência de interesse de agir

O interesse de agir como condição da ação não vem expresso no CPP. Está implícito em todas as normas deste texto legal que fazem a denúncia depender de elementos indiciários. A ausência do interesse de agir é motivo da inépcia da denúncia. Só há interesse de mover o aparelho judiciário com vistas a averiguação de um fato delituoso quando houver indícios de que o mesmo tenha sido praticado e de que determinada pessoa seja a autora. Dessa maneira se faz indispensável a existência de elementos indiciários para a propositura da ação penal (*fumaça de direito*). A ação não pode partir do nada. Não pode surgir da exclusiva imaginação do acusador. A hipótese delitiva há de vir apoiada em elementos de convicção (inquérito ou outros elementos informativos). Mais: estes elementos indiciários devem indicar a prática de um delito, vale dizer, não basta a adequação típica, se faz necessário, também, que não esteja evidenciada - provada, demonstrada - a ausência de nexo de causalidade, a ausência de dolo ou culpa (enquanto elementos do fato típico), a prática do fato sob a proteção de excludente de antijuridicidade ou que não esteja evidenciada causa excludente de culpabilidade. Daí a distinção: se o fato narrado na denúncia não é crime, ausente está a possibilidade jurídica do pedido; não importa o que diga a denúncia, se o fato apurado no inquérito não é crime, ausente está o interesse de agir.

20.3.4. Prescrição retroativa considerada a pena em perspectiva como causa de ausência do interesse de agir

É possível o reconhecimento antecipado da prescrição retroativa considerada a pena em perspectiva. Neste caso, este reconhecimento se fundamenta na ausência do interesse de agir. Não há por que colocar em movimento o aparelho judiciário para um sentido que o levará ao nada. Razão por que o reconhecimento da prescrição retroativa pela pena em perspectiva pode ser feito antes mesmo do início da ação penal.

20.3.5. Ilegitimidade da parte

A legitimidade da parte é condição da ação. A ilegitimidade pode ser passiva ou ativa. Assim, se o MP oferece denúncia em crime de ação privada, há ilegitimidade ativa de parte. Se o ofendido, no prazo do oferecimento da denúncia, oferece queixa-crime, idem, há ilegitimidade ativa de parte. Se a denúncia é ofertada contra menor de 18 anos, há ilegitimidade passiva de parte.

20.3.6. Ausência de representação ou de requisição

A representação e a requisição não são condições da ação em sentido estrito. Isto porque condições da ação em sentido estrito são aquelas exigidas para todas as ações, e a representação e a requisição só são exigíveis em alguns tipos de ação. A ausência da representação ou da requisição na ação penal que delas depende importa no reconhecimento da inépcia da denúncia. Como veremos adiante, enquanto diante da ausência de condição da ação a ação não pode ser renovada, frente à ausência de representação ou requisição, a ação pode ser novamente proposta.

20.3.7. Nulidade

A denúncia nula é inepta. A denúncia nula é imprestável. A denúncia nula é aquela a qual falta ou requisito de existência ou formalidade essencial (elementos do artigo 41 do CPP). A denúncia nula não deve ser recebida pelo juiz, vale dizer - e é o mesmo dizer -, deve ser rejeitada pelo juiz.

20.4. PROVIDÊNCIAS JUDICIAIS FRENTE À INÉPCIA

20.4.1. Rejeição e não-recebimento

Rejeição ou não-recebimento, dá tudo no mesmo. Normalmente se diz que se rejeita a denúncia inepta e não se recebe a nula. Mas não há nenhuma extravagância se falarmos em rejeição da denúncia nula e não-recebimento da inepta.

20.4.2. Efeitos da rejeição e do não-recebimento

O que verdadeiramente interessa, o que é importante saber é quais são os efeitos da rejeição da denúncia no caso do reconhecimento da ausência de condição da ação e quais os efeitos no caso de não-recebimento da denúncia por ausência de representação, de requisição e em razão de nulidade da denúncia.

20.4.3. Rejeição da denúncia no caso de ausência de condição da ação

Se a denúncia for rejeitada por ausência de condição da ação, há julgamento de mérito. A ação não pode ser novamente proposta. *Sem exceção.* Quando é reconhecida a ausência de condição da ação se está decidindo, por outras palavras, a impossibilidade de existência do direito de punir. Uma vez decidida esta impossibilidade, e jurisdicionalmente decidida, não há como autorizar-se, através de nova ação penal, o reexame desta decisão. Há, aqui, a figura da coisa julgada material. Desta forma, se a denúncia Y com base no inquérito X imputa o fato Z à pessoa de A e decide-se - mediante rejeição da denúncia trânsita em julgado - que o fato Z não constitui fato típico, a questão está morta e enterrada. Todavia, note-se bem, não está desautorizada a possibilidade de nova denúncia com base no mesmo inquérito, mas por outro fato (este outro sim típico). Esta autorização não implica que não

DA AÇÃO PENAL 95

há julgamento de mérito na primeira ação, não implica que não há coisa julgada (pois que há em relação ao fato Z). A mesma ação (versando sobre o mesmo fato Z) não pode ser proposta. Outra ação, versando sobre outro fato, pode. Recordemos o que identifica uma ação: pedido, causa de pedir e partes. Se a causa de pedir é distinta - se o fato imputado é distinto embora embasado no mesmo inquérito - não se trata da mesma ação.

Demos acima um exemplo atinente à possibilidade jurídica do pedido. Outro exemplo: se a denúncia Y com base nas informações X imputa o fato Z à pessoa de A e decide-se - mediante rejeição da denúncia trânsita em julgado - que as informações X não contêm elementos indiciários suficientes para embasar a hipótese delitiva, a questão, aqui também, está morta e enterrada. Mas, note-se bem, morta e enterrada em relação às informações X. Se surgirem novas provas, nova ação poderá ser proposta. É que o julgamento de mérito se verificou em relação às informações X, não às informações X + N (e X é diferente de X + N).

Da mesma maneira, se o MP, em crime de ação privada, oferece denúncia, que é rejeitada, nada impede, adiante, que a parte ofendida proponha ação mediante queixa. Esta ação proposta pela parte ofendida é outra ação. Não é a mesma ação que é repetida (mesmo porque tal não pode visto que ocorreu julgamento de mérito), é outra ação que é proposta (eis que as partes são distintas).

20.4.4. Rejeição da denúncia no caso de ausência de representação ou requisição

A rejeição da denúncia em razão da ausência de representação ou requisição não importa em julgamento do mérito, não impedindo, por conseqüência, que a *mesma* ação, satisfeita a exigência, seja novamente proposta.

20.4.5. Rejeição da denúncia no caso de sua nulidade

Sendo nula a denúncia - por faltar-lhe requisito de existência ou formalidade essencial - a mesma não deve ser recebida ou, o que vem a dar no mesmo, há de ser rejeitada. O não-recebimento da denúncia nula não importa em julgamento de mérito. A *mesma* ação pode ser novamente proposta mediante o oferecimento de nova denúncia.

20.4.6. Rejeição da denúncia nula ou inepta no curso do processo

O entendimento preponderante, no sentido da inviabilidade da rejeição de denúncia no curso do processo, por nulidade ou por ausência de condição da ação não percebidas quando do recebimento da denúncia, não é tão-somente incorreto, mas sobretudo, insensato. Em se tratando de dever judicial de zelar pela regularidade da relação processual, não há de se falar em preclusão. Para manter a integridade processual, o magistrado está autorizado a voltar atrás tantas quantas vezes se fizer necessário. Embora contrariando a posição preponderante, estamos bem acompanhados. O Procurador de Justiça José Antonio Paganella Boschi escreve que "a nós parece que não há impedimento algum que o juiz se volte sobre os próprios passos e, embora com o despacho de recebimento da denúncia tenha se transformado em autoridade coatora, conceda ordem de *habeas corpus* de ofício para trancar a ação penal se identificar esses defeitos (art. 654, § 2º do CPP), interpondo, ato contínuo, reexame necessário (arts. 574, I de 648, I do CPP)", *in* Ação Penal, Rio de Janeiro, Aide, 1993, p. 161. Ver o que dissemos no item 18.4.1.

20.5. O RECURSO CONTRA A DECISÃO JUDICIAL

20.5.1. Recurso de apelação

Contra a decisão que rejeita a denúncia reconhecendo sua inépcia em razão da ausência de condição da ação (possibilidade jurídica, interesse, legitimidade), o recurso cabível é o de apelação (artigo 593, inciso II).

20.5.2. Recurso em sentido estrito

Contra a decisão que não recebe a denúncia face à ausência de representação ou requisição ou que não recebe a denúncia face a sua nulidade, cabe recurso em sentido estrito (artigo 581, inciso I). Em vez de recorrer, o MP pode, ainda, propor nova denúncia, acompanhada, desta vez, da representação ou requisição, ou sanada a nulidade.

20.6. RECEBIMENTO EM PARTES DA DENÚNCIA

20.6.1. Comentários

Embora haja entendimento em sentido contrário, não há nenhum dispositivo ou princípio legal que impeça a rejeição em partes da denúncia. Poderíamos imaginar um despacho de recebimento nos seguintes termos: "Rejeito a denúncia na parte em que imputa ao denunciado omissão de socorro, pois que não descreve como tal fato se verificou. Rejeito, também, na parte em que imputa ao denunciado ter mandado a vítima ...*ir para a m.*, pois que tal recomendação não constitui delito. Rejeito, por igual, a parte da denúncia em que imputa o delito de lesão corporal ao passageiro, pois que não há nenhum elemento indiciário da prática de crime em relação a ele. Rejeito, por derradeiro, a parte da denúncia que imputa ao acusado o delito de calúnia, pois que neste delito procede-se apenas mediante queixa. Quanto aos demais fatos articulados e imputados, recebo a denúncia." Em relação à omissão de socorro, o MP poderá interpor recurso em sentido estrito ou aditar a denúncia. Quanto à sugestão (impossibilidade jurídica do pedido), o passageiro (falta de interesse) e à calúnia (ilegitimidade de parte) poderá apelar.

Quadro:

Defeito da denúncia	Motivo	Medida judicial	Efeitos da decisão	Recurso
Inépcia em sentido estrito	ausência de possibilidade jurídica	rejeição	Julgamento de mérito.	Apelação
	ausência de interesse de agir		A ação não pode ser novamente proposta	
	ausência de legitimidade			
	ausência de representação ou requisição	não-recebimento	Não há julgamento de mérito.	Recurso em sentido estrito
			A ação pode ser proposta novamente	
Nulidade	ausência de requisitos formais (artigo 46)			

20.7. JURISPRUDÊNCIA

20.7.1. Arrependimento eficaz

O juiz não pode rejeitar a denúncia sob o fundamento de que houve arrependimento eficaz ou desistência voluntária. Só quando o fato narrado não constituir crime, pode haver rejeição da denúncia (RJTJRS 79/102).

20.7.2 Fato narrado

A denúncia, para que se considere válida, deve descrever ação enquadrável no tipo imputado ou adaptável a outra figura penal (RJTJRS 87/90, 73/90).

20.7.3. Divergência doutrinária sobre a tipicidade

A divergência doutrinária sobre a tipicidade do delito não autoriza a rejeição de denúncia (RJTJRS 79/57).

20.7.4. Furto famélico

É possível a rejeição liminar da denúncia que descreve furto praticado em estado de necessidade (RT 615/310).

20.7.5. Irrelevância jurídica do fato

Não é motivo para a rejeição (RJTJRS).

20.7.6. Necessidade de indícios de crime para denunciar

Para ser válida, a denúncia deve ter por base razoável suporte probatório. Não basta a descrição de fato típico (RJTJRS 84/19, 105/200; RT 642/306, 644/272). É nula quando imputa conduta criminosa diferente da conduta (inocente em tese) retratada pelo inquérito (RJTJRS 98/32).

20.7.7. Legítima defesa e juízo de admissibilidade da ação

A legítima defesa não pode ser examinada no juízo de admissibilidade da ação (STJ - Pleno - DJU 08.06.92 - p. 8.594). No mesmo sentido em relação ao erro de proibição: TRF - 5ª Região - DJU 10.04.92 - p. 8.976.

20.7.8. Ausência de dolo

Diante da ausência de dolo, elemento do tipo, a denúncia deve ser rejeitada (RT 619/361).

20.7.9. Reconhecimento antecipado de prescrição retroativa

A denúncia pode ser rejeitada face ao reconhecimento antecipado de prescrição retroativa considerada a pena em perspectiva (RT 668/288).

20.7.10. Rejeição no curso do processo

Recebida a denúncia, a decisão não pode, posteriormente, ser reformada pela mesma instância (RJTJRS 87/60; STF - RT 230/146, 639/281; RTJ 69/369).

20.7.11. Recebimento e rejeição

Para rejeitar a denúncia, é preciso tê-la, antes, recebido (RJTJRS 87/90).

20.7.12. Recebimento e rejeição. Recursos cabíveis

Contra o não-recebimento de denúncia, cabe recurso em sentido estrito. Contra a rejeição, apelação (RJTJRS 87/90). Contra o não-recebimento em razão de o fato não constituir crime, o recurso cabível é a apelação (RJTJRS 87/90).

20.7.13. Recebimento parcial da denúncia

A denúncia não pode ser recebida em partes (RT 685/363).

Art. 44. A queixa poderá ser dada por procurador com poderes especiais, devendo constar do instrumento do mandato o nome do querelante e a menção do fato criminoso, salvo quando tais esclarecimentos dependerem de diligências que devem ser previamente requeridas no juízo criminal.

21. Queixa

21.1. PROCURAÇÃO PARA O OFERECIMENTO DA QUEIXA

21.1.1. Defeito de redação

Onde neste artigo 44 está escrito *querelante*, leia-se *querelado*.

21.1.2. Poderes especiais

Para o oferecimento da queixa na ação penal privada é necessário que o procurador possua poderes especiais (a procuração deve ser dada especialmente para que o outorgado possa apresentar queixa-crime), devendo constar do instrumento o nome do querelado e a menção do fato criminoso. Os poderes especiais na procuração são dispensáveis caso o querelante assinar junto a queixa-crime.

21.1.3. Somente o advogado pode oferecer queixa em juízo

A queixa-crime é peça processual. Somente pode ser recebida se for assinada por advogado, pois que o advogado é indispensável à administração da Justiça (artigo 133 da CF).

102 FLAVIO MEIRELLES MEDEIROS

21.1.4. A menção do fato

É dispensada a narrativa do fato na procuração, basta que se faça menção ao mesmo.

21.1.5. Oferecimento de queixa sem procuração

É possível quando para o fim de evitar a decadência. Aplica-se por analogia o artigo 37 do Código de Processo Civil.

21.1.6. Sanabilidade do defeito da procuração

O defeito da procuração pode ser sanado através da ratificação. Por uma corrente, a ratificação só é viável enquanto não decorrido o prazo de decadência. Para outra, o defeito da procuração poderá ser suprido a qualquer tempo antes da sentença final (artigo 569 do CPP).

21.2. JURISPRUDÊNCIA

21.2.1. Desnecessidade de narrativa do fato

Basta que a procuração contenha o nome do querelado e a menção do fato criminoso. A lei não exige, quanto ao mesmo, a exposição, descrição ou narrativa, como quando se formaliza a queixa (TARS - RT 585/370). No mesmo sentido: RT 631/384; RT 660/282.

21.2.2. Defeito da procuração

Só é possível sanar enquanto não decorrido o prazo de decadência (RTJ 57/190). Contra: é possível ainda depois de escoado o prazo decadencial (RT 631/371).

21.2.3. Oferecimento de queixa sem procuração

É lícito ao advogado, em nome do querelante, intentar a ação penal, sem prévia representação, a fim de evitar a decadência, obrigando-se, neste caso, a exibir o instrumento de mandato, no prazo de lei. Aplicação analógica do artigo 37 do Código de Processo Civil, a teor do artigo 3º do Código de Processo Penal (STJ - Pleno - DJU 09.03.92 - p. 2.526)

Art. 45. A queixa, ainda quando a ação penal for privativa do ofendido, poderá ser aditada pelo Ministério Público, a quem caberá intervir em todos os termos subseqüentes do processo.

22. Queixa

22.1. ADITAMENTO

22.1.1. Prazo

Segundo o disposto no § 2º, do artigo 46, o prazo para o aditamento da queixa será de 3 (três) dias, contado da data em que o órgão do Ministério Público receber os autos, e, se não se pronunciar dentro do tríduo, entender-se-á que não tem o que aditar, prosseguindo-se nos demais termos do processo.

22.1.2. Finalidade

O aditamento tem por fim corrigir ou completar a queixa-crime.

22.1.3. Vista de todos os termos do processo

Independentemente de ter ou não feito o aditamento, o Ministério Público deve intervir em todos os termos da ação privada. Para isto, deverá lhe ser dada vista de todos os atos processuais. O MP, na ação privativa do ofendido, atua como fiscal da lei.

DA AÇÃO PENAL 105

22.2. JURISPRUDÊNCIA

22.2.1. O MP não pode recorrer da sentença absolutória

Em ação penal privada, o MP não pode recorrer da sentença absolutória visando à condenação do querelado (RJTJRS 98/177).

Art. 46. O prazo para oferecimento da denúncia, estando o réu preso, será de 5 (cinco) dias, contado da data em que o órgão do Ministério Público receber os autos do inquérito policial, e de 15 (quinze) dias, se o réu estiver solto ou afiançado. No último caso, se houver devolução do inquérito à autoridade policial (art. 16), contar-se-á o prazo da data em que o órgão do Ministério Público receber novamente os autos .

§ 1º Quando o Ministério Público dispensar o inquérito policial, o prazo para o oferecimento da denúncia contar-se-á da data em que tiver recebido as peças de informações ou a representação.

§ 2º O prazo para o aditamento da queixa será de 3 (três) dias, contado da data em que o órgão do Ministério Público receber os autos, e, se este não se pronunciar dentro do tríduo, entender-se-á que não tem o que aditar, prosseguindo-se nos demais termos do processo.

23. *Denúncia*

23.1. PRAZOS PARA O OFERECIMENTO

23.1.1. Réu preso

Estando o réu preso, o prazo para o oferecimento da denúncia é de 5 dias, a contar da data em que o MP receber o inquérito.

23.1.2. Réu solto

Estando solto o réu o prazo para o oferecimento da denúncia é de 15 dias a contar do recebimento do inquérito.

23.1.3. Havendo devolução do inquérito

Em razão de diligências imprescindíveis ao oferecimento da denúncia, o MP pode requerer a devolução dos autos do inquérito à autoridade policial. Neste caso, o prazo para o oferecimento da denúncia é de 15 dias a contar do novo recebimento do inquérito pelo MP.

23.1.4. No caso de representação ou de notícia de crime

Quando em vez do inquérito o Ministério Público receber notícia de crime ou representação acompanhadas de documentos probatórios, o prazo para o oferecimento da denúncia conta-se da data do recebimento dos documentos.

23.1.5. Prazos especiais

Dentre outras leis especiais, Paganella Boschi, *in* Persecução Penal, arrola algumas com prazos diferenciados para o oferecimento da denúncia. A Lei nº 4.898/65 (abuso de autoridade), prazo de 48 horas a contar da apresentação da representação; o Código Eleitoral, artigo 357, 10 dias; Decreto-Lei nº 7.661/45 (crimes falimentares), artigo 108, 5 ou 3 dias; Lei nº 6.368/76 (Tóxicos), 3 dias; Lei nº 5.250/67 (Imprensa), 10 dias.

23.2. CONSEQÜÊNCIAS DA NÃO APRESENTAÇÃO DE DENÚNCIA NOS PRAZOS LEGAIS

23.2.1. Indiciado preso

Se o indiciado estiver preso e a denúncia não for oferecida no prazo legal, é cabível o *habeas corpus* com fundamento no artigo 648, inciso II, do Código de Processo Penal - *A coação considerar-se-á ilegal quando alguém estiver preso por mais tempo do que determina a lei.*

23.2.2. Indiciado solto ou preso

O não-oferecimento de denúncia nos prazos legais, estando solto ou preso o indiciado, autoriza à parte ofen-

108 FLAVIO MEIRELLES MEDEIROS

dida a propositura, mediante queixa-crime, da ação penal privada subsidiária (artigo 29 do CPP).

23.3. INDICIADO PRESO. DEVOLUÇÃO DO INQUÉRITO À POLÍCIA

23.3.1. Liberdade para o indiciado

A devolução do inquérito à polícia só é autorizada em razão de novas diligências imprescindíveis ao oferecimento da denúncia (artigo 16 do CPP). Ora, se houver necessidade de mais provas para a denúncia, é porque não há provas suficientes para manter o indiciado preso. É que, enquanto para o oferecimento da denúncia exige-se apenas indícios de que o réu tenha praticado delito, para a prisão provisória exige-se prova de crime e indícios suficientes de autoria. Dessa maneira, se recebendo inquérito de indiciado preso o MP opinar no sentido da devolução dos autos à polícia para o fim de realizar-se novas diligências, o indiciado deverá ser colocado em liberdade. Já nos manifestamos sobre este tema em *Do Inquérito Policial*, nos comentários ao artigo 16 do CPP, dizendo o seguinte: O MP não pode requerer a devolução dos autos do inquérito à autoridade policial, salvo se necessárias novas diligências, imprescindíveis ao oferecimento da denúncia. Dessa maneira, recebido o inquérito pelo MP, se nele houver elementos de prova suficientes para o oferecimento da denúncia, a mesma deve ser ofertada. Diligências que faltarem poderão ser requeridas com a própria denúncia ou diretamente à polícia, mediante requisição (art. 13, II). Há decisões no sentido de que o juiz não pode indeferir o pedido de devolução formulado pelo MP, pois que como sujeito ativo de direito de ação é quem melhor está autorizado para dizer se já existem elementos suficientes para o oferecimento da denúncia. Ressalvada a hipótese de evidente engano do MP, a posição é correta. Estando o indiciado preso pre-

DA AÇÃO PENAL 109

ventivamente, o pedido de devolução dos autos do inquérito à polícia, evidencia a ilegalidade da prisão, pois que se não há elementos suficientes para a denúncia, não há, por certo, elementos suficientes para a decretação da preventiva. É que para a decretação da prisão preventiva se exige mais elementos probatórios do que para o oferecimento da denúncia.

23.4. JURISPRUDÊNCIA

23.4.1. Indiciado preso

Constitui constrangimento ilegal a demora, estando o indiciado preso, para o oferecimento da denúncia (RJTJRS 89/39).

23.4.2. Indiciado preso. Improrrogabilidade do prazo

Estando o réu preso, é improrrogável o prazo para o oferecimento da denúncia (RJTJRS 98/30). No sentido de que a complexidade da prova a ser produzida na ação penal configura motivo de força maior previsto no artigo 403 do CPP, diante do critério da razoabilidade, que impede a observância rígida dos prazos processuais estabelecidos para a formação da culpa: STJ - DJU 13.04.92 - p. 5.006. Neste mesmo sentido: TRF - 1ª Região - DJU 02.04.91 - p. 6.124.

Art. 47. Se o Ministério Público julgar necessários maiores esclarecimentos e documentos complementares ou novos elementos de convicção, deverá requisitálos, diretamente, de quaisquer autoridades ou funcionários que devam ou possam fornecê-los.

24. Requisição

24.1. DE INFORMAÇÕES PELO MINISTÉRIO PÚBLICO

24.1.1. Comentários

O MP está autorizado a requisitar esclarecimentos e documentos a quaisquer autoridades ou funcionários. Pode notificar testemunha e requisitar sua condução coercitiva. Pode requisitar informações, exames, perícias e documentos de autoridades da Administração Pública direta ou indireta (autarquias, sociedades de economia mista e empresas pública), requisitar da Administração Pública serviços temporários de seus servidores e meios materiais necessários para a realização de atividades específicas, requisitar informações e documentos a entidades privadas, realizar inspeções e diligências investigatórias, ter acesso incondicional a qualquer banco de dados de caráter público ou relativo a serviço de relevância pública, sendo que nenhuma autoridade poderá opor ao Ministério Público, sob qualquer pretexto, a exceção de sigilo, sem prejuízo da subsistência do caráter sigiloso da informação, do registro, do dado ou do documento que lhe seja fornecido (Lei Complementar nº 75, de 20 de maio de 1993, artigo 7º, incisos e parágrafos, e Lei nº 8.625, de 12 de fevereiro de 1993, artigo 26 e seus incisos, respectivamente, leis orgânicas do Ministério Público Federal e dos Estados). Como afirmamos em *Do Inquérito Policial*, em comentários ao artigo 13 do CPP, o Ministério Público está autorizado a dar início, andamento e fim a inquérito criminal. Poder jurídico e instrumentos legais não lhe faltam, falta-lhe apenas estrutura, organização e determinação política dirigida para essa finalidade.

Art. 48. A queixa contra qualquer dos autores do crime obrigará ao processo de todos, e o Ministério Público velará pela sua indivisibilidade.

25. Indivisibilidade

25.1. DA AÇÃO PENAL

25.1.1. Noção

A ação penal é regida pelo princípio da indivisibilidade. O princípio da indivisibilidade decorre da obrigatoriedade ou legalidade da ação penal (ver item 1.4.). Seja a ação penal pública ou privada, é indivisível, ou seja, deve ser proposta contra todos aqueles contra quem pesem indícios. Isto não significa que o Ministério Público deva oferecer a denúncia contra todos os que foram indiciados no inquérito, significa sim que deve propor a ação contra todos aqueles contra os quais pesam elementos indiciários, indiciados ou não no inquérito policial.

25.1.2. Denúncia que viola o princípio. Providência

Em a denúncia, em crime de ação penal pública, violando o princípio da indivisibilidade, mediante a não-imputação dos fatos em relação à pessoa contra qual pesam indícios, deve o juiz receber a não-imputação como pedido de arquivamento (implícito) e agir de conformidade com o disposto no artigo 28 do CPP, determinando a remessa do inquérito ao Procurador-Geral. Providência a ser tomada sem prejuízo da validade e do recebimento da denúncia ofertada contra o(s) outro(s) indiciado(s).

DA AÇÃO PENAL 113

25.1.3. Queixa que viola o princípio e atuação do Ministério Público. Duas posições

Em relação à queixa que viola o princípio da indivisibilidade, mediante a não-inclusão de pessoa contra a qual pesam indícios, há duas posições: (1a.) o MP pode aditar (artigo 46, parágrafo segundo) para o fim de incluí-la; (2ª.) o MP não pode aditar para incluir pessoa contra a qual pesam indícios, posto que a ação penal é privativa do ofendido.

25.1.4. Queixa que viola o princípio. Conseqüências

Para alguns, a queixa é inepta, devendo ser rejeitada pelo juiz; para outros, a não-inclusão de pessoa contra a qual pesam indícios equivale à renúncia, que nos termos do artigo 49 do CPP a todos se estende, devendo o juiz decretar a extinção da punibilidade.

25.2. JURISPRUDÊNCIA

25.2.1. Denúncia que viola a indivisibilidade

É nula a denúncia (e o processo) se foi oferecida apenas contra um dos participantes do delito (RJTJRS 92/109). Tendo sido o crime praticado por algumas pessoas em conjunto, todas qualificadas no inquérito policial, a denúncia há de incluir todos eles como autores do delito, sob pena de inépcia (TRF - 1ª Região - DJU 03.12.92 - p. 40.762). No tema, sem a menor dúvida, melhor andaram as seguintes decisões: O fato, em si só, de o representante do MP deixar de incluir um ou alguns dos indiciados na denúncia não a torna nula, exatamente pelo respeito ao princípio da livre convicção do órgão denunciante (STJ - DJU 24.05.93 - p. 10.011). A inobservância do princípio da indivisibilidade em se tratando de ação penal pública incondicionada não tem conseqüências práticas, à falta de norma expressa do Código de Processo Penal (TASP - RT 664/295).

114 FLAVIO MEIRELLES MEDEIROS

25.2.2. Violação da indivisibilidade na queixa. Conseqüências

O não-oferecimento de queixa contra um dos autores do delito equivale à renúncia, que se estende aos demais infratores (RT 653/337).

25.2.3. Aditamento

O Ministério Público pode ampliar a acusação a outro indiciado pela prática da mesma infração penal descrita na denúncia, por força de provas colhidas durante a instrução (STJ - DJU 04.05.92 - p. 5.898).

25.2.4. Querelado. Exclusão pelo juiz

É lícito ao juiz excluir da queixa aqueles contra os quais não há elementos indiciários (RT 631/350).

> Art. 49. A renúncia ao exercício do direito de queixa, em relação a um dos autores do crime, a todos se estenderá.

26. Renúncia

26.1. EM RELAÇÃO A UM DOS AUTORES

26.1.1. Conseqüência

Feita a renúncia, de forma expressa ou tácita, em relação a um dos autores do crime, a todos os demais se estende.

26.1.2. Extinção de punibilidade

A renúncia ao direito de queixa extingue a punibilidade (artigo 107, inciso V, do CP).

26.1.3. Momento

A renúncia ao direito de queixa encontra cabimento antes da propositura da ação penal. Decorre do *caput* do artigo 104, do CP, segundo o qual *o direito de queixa não pode ser exercido quando renunciado*.

26.1.4. Renúncia na ação penal privada subsidiária

Como o artigo 104 do CP não excetua, a renúncia pode ser feita tanto na ação penal privativa do ofendido como na ação penal privada subsidiária. Registre-se, todavia, que a renúncia do ofendido na ação subsidiária não prejudica o direito do MP de oferecer a denúncia.

26.1.5. Não-inclusão na queixa de um dos autores do crime

Vide item 25.1.3.

26.2. JURISPRUDÊNCIA

26.2.1. Não-inclusão na queixa de um dos autores do crime

Importa na renúncia em relação a todos (RT 585/370; RT 597/362). No mesmo sentido, se a queixa não for aditada dentro do semestre (RT 591/357).

Art. 50. A renúncia expressa constará de declaração assinada pelo ofendido, por seu representante legal ou procurador com poderes especiais.

Parágrafo único. A renúncia do representante legal do menor que houver completado 18 (dezoito) anos não privará este do direito de queixa, nem a renúncia do último excluirá o direito do primeiro.

27. Renúncia

27.1. FORMA

27.1.1. Expressa ou tácita

A renúncia pode ser feita de forma expressa (artigo 50 do CPP) ou de forma tácita (artigo 104 do CP).

27.1.2. Renúncia do representante do menor

Em consonância com o disposto no artigo 34, pelo qual o direito de queixa pode ser oferecido tanto pelo menor de 21 anos e maior de 18 como por seu representante, o parágrafo único deste artigo 50 diz que a renúncia de um não exclui o direito de queixa do outro.

Art. 51. O perdão concedido a um dos querelados aproveitará a todos, sem que produza, todavia, efeito em relação ao que o recusar.

28. Perdão

28.1. SUA ACEITAÇÃO

28.1.1. Conseqüência

Se o ofendido concede o perdão a um dos querelados, o ato aproveita a todos. Só não aproveita àquele que recusá-lo.

28.1.2. Extinção de punibilidade

O perdão é causa extintiva de punibilidade (artigo 107, inciso V, do CP).

28.1.3. Momento

Depois de oferecida a queixa. Antes do trânsito em julgado da sentença.

28.1.4. Na ação penal privada subsidiária

Não tem cabimento o perdão, pois que o artigo 105 do CP é expresso ao referir-se aos crimes que *somente se procede mediante queixa*.

28.1.5. Forma

O perdão pode ser concedido tanto dentro do processo (perdão processual) como fora (perdão extraprocessual); de forma expressa ou tácita (artigo 106 do CP).

DA AÇÃO PENAL 119

Art. 52. Se o querelante for menor de 21 (vinte e um) e maior de 18 (dezoito) anos, o direito de perdão poderá ser exercido por ele ou por seu representante legal, mas o perdão concedido por um, havendo oposição do outro, não produzirá efeito.

29. Perdão

29.1. CONCEDIDO PELO MENOR OU POR SEU REPRESENTANTE

29.1.1. Comentários

O perdão pode ser concedido tanto pelo menor (menor de 21 e maior de 18 anos) como por seu representante legal, entretanto, o concedido por um com oposição do outro não produz efeito.

Art. 53. Se o querelado for mentalmente enfermo ou retardado mental e não tiver representante legal, ou colidirem os interesses deste com os do querelado, a aceitação do perdão caberá ao curador que o juiz lhe nomear.

30. Querelado

30.1. MENTALMENTE ENFERMO

30.1.1. Comentários

No caso de querelado mentalmente enfermo ou retardado mental que não tenha representante legal, ou na hipótese de colidência de interesses, a aceitação do perdão pode ser exercida por curador nomeado pelo juiz.

Art. 54. Se o querelado for menor de 21 (vinte e um) anos, observar-se-á, quanto à aceitação do perdão, o disposto no art. 52.

31. Querelado

31.1. MENOR E ACEITAÇÃO DO PERDÃO

31.1.1. Aplicação do artigo 52

Se o querelado for menor de 21 anos, a aceitação do perdão por seu representante só é válida se aceita também pelo menor. A aceitação pelo menor só é válida com a anuência do representante.

Art. 55. O perdão poderá ser aceito por procurador com poderes especiais.

32. Perdão

32.1. ACEITAÇÃO DE PERDÃO ATRAVÉS DE PROCURADOR

32.1.1. Comentários

Produz efeitos o perdão aceito através de procurador, desde que possua poderes especiais.

Art. 56. Aplicar-se-á ao perdão extraprocessual expresso o disposto no art. 50.

33. *Perdão*

33.1. PERDÃO EXTRAPROCESSUAL EXPRESSO

33.1.1. Comentários

O perdão extraprocessual expresso constará de declaração assinada pelo ofendido, por seu representante legal ou por procurador com poderes especiais.

Art. 57. A renúncia tácita e o perdão tácito admitirão todos os meios de prova.

34. Renúncia e perdão

34.1. RENÚNCIA E PERDÃO TÁCITOS

34.1.1. Comentários

Admitem todos os meios de prova.

Art. 58. Concedido o perdão, mediante declaração expressa nos autos, o querelado será intimado a dizer, dentro de 3 (três) dias, se o aceita, devendo, ao mesmo tempo, ser cientificado de que o seu silêncio importará aceitação.

Parágrafo único. Aceito o perdão, o juiz julgará extinta a punibilidade.

35. Perdão

35.1. CONCEDIDO NOS AUTOS

35.1.1. Comentários

Se o perdão for concedido através de declaração nos autos, o querelado será intimado para dizer, no prazo de três dias, se concorda. Seu silêncio no prazo da lei importa em aceitação. A razão de ouvir-se o querelado para que diga se aceita ou não o perdão está em que o mesmo pode ter interesse em provar sua inocência.

Art. 59. A aceitação do perdão fora do processo constará de declaração assinada pelo querelado, por seu representante legal ou procurador com poderes especiais.

36. Perdão

36.1. ACEITAÇÃO DO PERDÃO FORA DO PROCESSO

36.1.1. Comentários

Se a aceitação do perdão se fizer fora do processo, se fará mediante declaração assinada pelo querelado, por seu representante ou por procurador com poderes especiais.

DA AÇÃO PENAL 127

Art. 60. Nos casos em que somente se procede mediante queixa, considerar-se-á perempta a ação penal:

I - quando, iniciada esta, o querelante deixar de promover o andamento do processo durante 30 (trinta) dias seguidos;

II - quando, falecendo o querelante, ou sobrevindo sua incapacidade, não comparecer em juízo, para prosseguir no processo, dentro do prazo de 60 (sessenta) dias, qualquer das pessoas a quem couber fazê-lo, ressalvado o disposto no art. 36;

III - quando o querelante deixar de comparecer, sem motivo justificado, a qualquer ato do processo a que deva estar presente, ou deixar de formular o pedido de condenação nas alegações finais;

IV - quando, sendo o querelante pessoa jurídica, esta se extinguir sem deixar sucessor.

37. Perempção

37.1. COMENTÁRIOS

37.1.1. Momento

A perempção só encontra cabimento depois de iniciada a ação penal.

37.1.2. Conseqüência

A perempção é causa de extinção de punibilidade (artigo 107, inciso IV, do CP).

37.1.3. Na ação penal privada subsidiária

O instituto da perempção não encontra cabimento. Conforme expresso no *caput* deste artigo 60, a perempção só se aplica aos casos em que somente se procede mediante queixa.

37.1.4. Não-comparecimento do querelante

Por *querelante*, do inciso III, entenda-se seu advogado, salvo se tratando de ato processual no qual se faz indispensável a presença pessoal do querelante (audiência designada para sua inquirição ou designada para o reconhecimento do réu).

37.1.5. Pedido de condenação

O pedido de condenação pode estar implícito nas razões finais. O importante é que não seja pedida a absolvição.

37.2. JURISPRUDÊNCIA

37.2.1. Ausência do querelante

Não se caracteriza a perempção se comparece seu procurador (RT 585/370).

DA AÇÃO PENAL 129

Art. 61. Em qualquer fase do processo, o juiz, se reconhecer extinta a punibilidade, deverá declará-lo de ofício.
Paragrafo único. No caso de requerimento do Ministério Público, do querelante ou do réu, o juiz mandará autuá-lo em apartado, ouvirá a parte contrária e, se o julgar conveniente, concederá o prazo de 5 (cinco) dias para a prova, proferindo a decisão dentro de 5 (cinco) dias ou reservando-se para apreciar a matéria na sentença final.

38. Extinção de punibilidade

38.1. RECONHECIMENTO JUDICIAL DA EXTINÇÃO DE PUNIBILIDADE

38.1.1. Comentários

As causas de extinção de punibilidade são matéria de direito penal, razão porque não nos deteremos nesse tema. Segundo o artigo 61 do CPP se o juiz reconhecer extinta a punibilidade, em qualquer momento processual, deverá declará-lo de ofício, independentemente da provocação da partes.

38.2. JURISPRUDÊNCIA

38.2.1. Falsidade do óbito

Reconhecida a extinção de punibilidade pela morte, não pode a ação ser reativada após conhecida a falsidade do óbito (RT 580/349).

Art. 62. No caso de morte do acusado, o juiz somente à vista da certidão de óbito, e depois de ouvido o Ministério Público, declarará extinta a punibilidade.

39. Extinção de punibilidade

39.1. MORTE DO ACUSADO

39.1.1. Certidão de óbito

Só pode ser reconhecida extinta a punibilidade mediante a apresentação de atestado de óbito.

39.1.2. Remissão

Ver jurisprudência do artigo 61.

40.Jurisprudência

A fonte utilizada é a das Bases Eureka do Banco de Dados do Ministério Público Federal.

Artigo 24

Processual Penal. Ação penal. Falta de justa causa.

O *habeas corpus* não admite o contraditório ou o exame aprofundado da prova, mas, se o simples olhar do que se encontra no inquérito policial, constata-se que não hà indícios da autoria respeitante ao paciente estando a denúncia equivocada, falta justa causa para a ação penal.

(RHC 22.661, STJ, Quinta Turma, Relator Min. Costa Lima. Data da decisão 5.10.92, DJU 26.10.92, p. 19.064).

Processual Penal. Denúncia. Rejeição. Exame pericial.

A rejeição da denúncia, porque desacompanhada de laudo pericial exigido para demonstrar que canário da terra é ave, constitui-se em condição de procedibilidade não prevista em lei. O exame de corpo de delito é indispensável quando a infração deixa vestígios, podendo ser suprido por prova testemunhal, como no caso. Recurso conhecido e provido.

(RESP 264149, STJ, Quinta Turma, Relator Min. Costa Lima. Data da decisão 9.9.92, DJU 21.9.92, p. 15.704).

Processual Penal. Ação penal. Falta de justa causa.

O *habeas corpus* não admite o contraditório ou o exame aprofundado da prova, mas, se o simples olhar do que se encontra no inquérito policial, constata-se que não há indícios da autoria respeitante ao paciente estando a denúncia equivocada, falta justa causa para a ação penal.

(RHC 22661, STJ, Quinta Turma, Relator Min. Costa Lima. Data da decisão 5.10.92, DJU 26.10.92, p. 19.064).

Processual Penal. Denúncia. Rejeição. Exame pericial.

A rejeição da denúncia, porque desacompanhada de laudo pericial exigido para demonstrar que canário da terra é ave, constitui-se em condição de procedibilidade não prevista em lei. O exame de corpo de delito é indispensável quando a infração deixa vestígios, podendo ser suprido por prova testemunhal, como no caso. Recurso conhecido e provido.

(RESP 264149, STJ, Quinta Turma, Relator Min. Costa Lima. Data da decisão 9.9.92, DJU 21.9.92, p. 15.704).

Processual Penal. Ação penal. Falta de justa causa

O *habeas corpus* não admite o contraditório ou o exame aprofundado da prova, mas, se o simples olhar do que se encontra no inquérito policial, constata-se que não há indícios da autoria respeitante ao paciente estando a denúncia equivocada, falta justa causa para a ação penal.

(RHC 22661, STJ, Quinta Turma, Relator Min. Costa Lima. Data da decisão 5.10.92, DJU 26.10.92, p. 19.064).

Processual Penal. Denúncia. Rejeição. Exame pericial.

A rejeição da denúncia, porque desacompanhada de laudo pericial exigido para demonstrar que canário da terra é ave, constitui-se em condição de procedibilidade não prevista em lei. O exame de corpo de delito é indispensável quando a infração deixa vestígios, podendo ser suprido por prova testemunhal, como no caso. Recurso conhecido e provido.

(RESP 264149, STJ, Quinta Turma, Relator Min. Costa Lima. Data da decisão 9.9.92, DJU 21.9.92, p. 15.704).

Penal. Processual Penal. Inquérito policial. Denúncia. Recebimento. Legítima defesa.

I - Inquérito policial. Dispensabilidade. Como procedimento meramente informativo que é, o inquérito policial pode ser dispensado se o titular da ação penal dispuser de elementos suficientes para o oferecimento da denúncia. II - Denúncia. Deve ser recebida, se comprovada a materialidade do fato típico e existentes indícios suficientes de autoria, desde que elaborada com observância dos requisitos do art. 41 do CPP. III - Legítima defesa. Excludente de antijuridicidade que não pode ser examinada no juízo de admissibilidade da ação penal. IV- Denúncia recebida.

(APN 33, STJ, Tribunal Pleno, Relator Min. Carlos Thibau. Data da decisão 14.5.92, DJU 8.6.92, p. 8.594).

Criminal. Denúncia por apropriação indébita de contribuições previdenciárias. Prova pericial.

1- No inquérito deve haver perícia contábil, que revele a disponibilidade do dinheiro, o que demonstrara a existência da omissão no recolhimento. 2- A materialidade do delito que deixa vestígio deve ser provada através do corpo de delito. 3- Não se deixa de recolher o que não se possui. 4- A inexistência do corpo de delito importa a rejeição da denúncia. 5- Recurso improvido.

(RCCR 9104098234, TRF-4ª, Terceira Turma, Relator Min. Fábio Bittencourt da Rosa. Data da decisão 1.10.91, DJU 24.6.92, p. 18.684).

Artigo 28

Penal. Processual. Servidor público. Peculato. Denúncia. Inépcia. Habeas Corpus. Recurso.

1- A lei processual exige fundamentação no despacho que rejeita a queixa ou denúncia, silenciando quanto ao demais. (CPP, art. 516). 2- Não constitui ato decisório para os efeitos da Constituição Federal, art. 93, IX, o despacho que apenas recebe a denúncia ou a queixa, dispensando-se, por isso, o Juiz de fundamentá-lo. 3- Recurso conhecido e improvido.

(RHC 1427, STJ, Quinta Turma, Relator Min. Edson Vidigal. Data da decisão 2.10.91, DJU 6.4.92, p. 4504).

Processo Penal. Representação. Arquivamento solicitado pelo Ministério Público. Acolhimento pelo juiz. Recurso. Impossibilidade.

1- Não há, no sistema jurídico brasileiro, possibilidade de recurso contra decisão judicial que acolhe pedido de arquivamento de peças de informação manifestada pelo órgão do Ministério Público, dono da ação penal, ante princípio consagrado na parêmia *ne procedat iudex ex officio*, consoante torrencial jurisprudência e pacífica orientação doutrinária, a exceção da hipótese prevista no parágrafo único do art. 6º da Lei 1.508/51. 2- A apresentação de razões de recurso fora do prazo legal não é motivo para não-recebimento daquele.

DA AÇÃO PENAL

(ACF 8904014930, TRF-4º, Segunda Turma, Relator Min. Osvaldo Alvarez. Data da decisão 26.11.92, DJU 3.2.93, p. 1.977).

Delito contra a honra. Configuração em tese. Representação do ofendido. Pedido de arquivamento rejeitado.

1. O pedido de arquivamento de inquérito, feito pelo representante do Ministério Público, não vincula o Tribunal (representação nº 22-PR). 2. A imputação contundente a alguém da prática de fatos da maior gravidade, com base em meras suspeitas e em excesso no exercício das próprias funções, revela, ao menos em tese, a consciência e a vontade de ofender a honra alheia. 3. Omitindo-se o Ministério Público em seu "poder-dever" de oferecer a denúncia, abre-se á vítima a possibilidade de aforar a ação penal privada subsidiária (art. 5º, inciso LIX, da CF). Pedido de arquivamento da representação rejeitado, ressalvando-se a iniciativa da parte ofendida quanto à propositura da ação penal privada subsidiária.

(RP 300, STJ, Tribunal Pleno, Relator Min. Barros Monteiro. Data da decisão 29.10.92, DJU 14.12.92, p. 23.875).

Penal. Processual. Peculato. Arquivamento. Justa causa. Trancamento. Habeas Corpus. *Recurso.*

1. O silêncio do Ministério Público em relação a acusados cujos nomes só aparecem depois em aditamento à denúncia não implica arquivamentos quanto a eles. Só se considera arquivado o processo com o despacho da autoridade judiciária (CPP, art. 18). 2. Adicionar numa denúncia nomes de pessoas imputando-lhes co-autoria de crime sem descrever sequer de forma sucinta a conduta delitiva atribuída ao acusados, inviabilizando, portanto, a avaliação correta da existência ou não de um crime em tese a apurar, configura evidente constrangimento ilegal, repa-

rável por *habeas corpus*. 3. *Habeas Corpus* recebido como Substitutivo de Recurso Ordinário; ordem concedida para trancar a ação penal por falta de justa causa. (HC 12600, STJ, Quinta Turma, Relator Min. Edson Vidigal. Data da decisão 20.8.92, DJU 14.9.92, p. 14.979).

Processual penal. Inquérito policial. Competência originária do Tribunal. Pedido de arquivamento pelo Ministério Público. Possibilidade de indeferimento do pedido acaso entenda o Tribunal existirem elementos suficientes ao oferecimento da denúncia. Voto vencido que entendia obrigatório o seu deferimento. Pedido de arquivamento deferido à míngua de elementos de convicção a ensejar o oferecimento da denúncia.

I - Verificando o Tribunal, nos processos de sua competência, que o inquérito policial traz em seu bojo elementos de convicção tais que possam ensejar o oferecimento da denúncia pelo Ministério Público, pode a Corte indeferir o pedido de arquivamento formulado pelo Procurador da República, determinando a remessa dos autos ao Procurador-Geral da República, para que este inicie a ação penal, sem que tal medida implique interferência na independência funcional daquele Órgão. II - Voto vencido do Relator que entendia obrigatório o arquivamento, sob pena de quebra do princípio do *ne procedat judex ex officio*. III - De deferir-se o pedido de arquivamento de inquérito policial instaurado por infração ao art. 70 da Lei nº 4.177, de 27.8.62, se a própria autoridade oficiante, comunicando o deslacramento da retransmissora, informa da tramitação normal do pedido para sua regularização. IV - Inquérito que se arquiva. (INQ 9105065208, TRF-5ª, Tribunal Pleno, Relator Juiz Nereu Santos. Data da decisão 18.3.92, DJU 5.6.92, p. 16.007).

DA AÇÃO PENAL 137

Ação penal privada subsidiária. Artigos 100, § 3º, do CP, 29 do CPP e 5º, LIX, da Constituição.

Promotor que, de posse de inquérito de indiciado preso, excede o prazo do art. 48 do CPP, sem requerer diligência ou oferecer denúncia. Cabimento, nessa hipótese, da ação penal privada subsidiária. Assistência Judiciária. Designação, pelo juiz, de advogado para intentar a ação penal, por crime de homicídio, ante a reconhecida pobreza dos familiares da vítima. Possibilidade (art. 32 do CPP e Lei 1.060/50). Petição inicial. Requisitos. Petição que, apesar de designada, por evidente equívoco, de "denúncia", contém os requisitos essenciais da queixa e, como tal, está sendo tratada pelo juiz. Falha não-substancial. Procuração. Poderes. Hipótese em que o instrumento deve ser examinado em conjunto com a Designação do advogado pelo juiz (art. 16 da Lei 1.060/50). Recurso de *habeas corpus* a que se nega provimento.

(RHC 19091, STJ, Quinta Turma, Relator Min. Assis Toledo. Data da decisão 26.8.92, DJU 14.9.92, p. 14.980).

Artigo 41

Penal. Denúncia. Apelação da sentença. Falta de motivação. Absolvição-descabimento.

1. Em ação penal, o acusado se defende da imputação, não importando a capitulação normativa dada pelo Ministério Público. Para o efeito de se julgar o ser apta ou inepta a denúncia, o que importa é o crime descrito, não o crime classificado (...)

(EINACR 9002203039, TRF-2ª, Tribunal Pleno, Relator Des. Federal Maria Tereza de A.R.C.Lobo. Data da decisão 11.2.93, DJU 16.3.93, p. 8.167).

Processo Penal. Penal. Emendatio Libelli. *CPP, art. 383. Estelionato. Benefício previdenciário. Lei nº 3.807, de 1960, art. 155, IV, a, com a redação dada pelo Decreto-Lei nº 66, de 1966.*

1- Narrando a denúncia à prática de crime contra a previdência social, capitulando o crime como estelionato previsto no art. 171, não constitui surpresa para o acusado a aplicação, na sentença do art. 155, IV, *a*, da Lei 3.807, de 1960, com a redação dada pelo Decreto-Lei 66, de 1966. O réu se defende da imputação do fato contida na denúncia, e não da classificação do delito feita pelo órgão acusador (CPP, art. 383 - *emendatio libelli*). 2- Falsificação de contrato do trabalho na CTPS, na relação de salários de contribuição, com apresentação de atestado médico falso, para fins de recebimento de benefício previdenciário, induzindo o INSS em erro, constitui crime de estelionato (Lei 3.807, de 1960, com a redação da pelo Decreto-Lei 66, de 1966; art. 171 do C. Penal). 3- Apelações improvidas.

(ACR 9201088647, TRF-1ª, Terceira Turma, Relator Juiz Tourinho Neto. Data da decisão 15.3.93, DJU 1.4.93, p. 10.963).

Penal. Denúncia. Apelação da sentença. Falta de motivação. Absolvição-descabimento.

1. Em ação penal, o acusado se defende da imputação, não importando a capitulação normativa dada pelo Ministério Público. Para o efeito de se julgar o ser apta ou inepta a denúncia, o que importa é o crime descrito, não o crime classificado. 2. O dispositivo sentencial, que encerra a norma individual, como se expressa a Teoria Pura de Direito, de Hans Kelsen, não foi objeto de apreciação pela Colenda Instância Revisora, que se limitou ao mero exame de aspectos formais da sentença, anulando-a com fundamento na ausência de motivação na dosagem da pena. Não foi procedida, pois, a reavaliação da prova, isto é, o revólver do conjunto probatório, em ordem à

DA AÇÃO PENAL 139

formação de elementos de convicção que ensejassem a decretação da absolvição dos Embargantes, como pretende o r. voto vencido. 3. Acresce que, havendo a denúncia descrito a existência de um crime em tese, descabe desde já a absolvição dos Embargantes, uma vez que os fatos narrados na denúncia apresentam-se revestidos de ilicitude penal. 4. Embargos desprovidos.

(EINACR 9002203039, TRF-2ª, Tribunal Pleno, Relator Des. Federal Maria Tereza de A.R.C.Lobo. Data da decisão 11.2.93, DJU 16.3.93, p. 8.167).

Processo Penal. Habeas Corpus. Denúncia. Data do fato. Erro material. Falso testemunho. Sindicância. Fato irrelevante e não pertinente ao objeto do inquérito. Trancamento da ação penal.

1 - O erro, na denúncia, quanto à data do fato, não a torna inepta, se não implicou cerceamento de defesa. 2 - A Sindicância constitui, na verdade, inquérito administrativo. 3 - A falsidade de testemunho deve estar relacionada com o fato juridicamente relevante a ser pertinente ao objeto do processo ou do inquérito.

(HC 9201251769, TRF-1ª, Terceira Turma, Relator Juiz Tourinho Neto. Data da decisão 25.11.92, DJU 3.12.92, p. 40.740).

Habeas Corpus.

Crime societário. O que caracteriza o crime societário e o fato de o ilícito resultar da vontade que a cada um dos mandatários ou responsáveis da pessoa jurídica cabia manifestar. Só a instrução poderá definir quem concorreu, quem participou ou quem ficou alheio à ação ilícita ou ao resultado com ela obtido. A denúncia, abrangendo todos os diretores da pessoa jurídica, não importa em opção para responsabilidade penal objetiva, pois tem conteúdo de uma proposta da qual resultara individualizada a responsabilidade pelo delito. Precedentes do STF. Recurso de H.C. improvido.

(RHC 65491, STF, Segunda Turma, Relator Min. Carlos Madeira).

HC. Trancamento de ação penal. Atipicidade dos fatos descritos. Crime funcional. Supressão da fase de defesa preliminar. Nulidade. Prejuízo evidente. art. 514 do CPP. 1. Em se tratando de crimes funcionais, o funcionário denunciado é de ser notificado para responder a acusação, antes do recebimento da denúncia, sob pena de nulidade absoluta vez que o prejuízo do réu, nesse caso, é evidente. 2. Na denúncia por prática do crime de prevaricação, a peça acusatória há de descrever qual o interesse ou sentimento pessoal do réu que o fez retardar ou deixar de praticar indevidamente seu ato de ofício o levou a praticá-lo contra expressa disposição de lei, sob pena de tornar-se inepta a acusação. 3. Não atender o Escrivão de Registro Civil requisição de certidão de nascimento constante dos livros, de seu cartório, apenas por desídia, não tipifica o crime de prevaricação. 4. HC concedido.

(HC 9201231784, TRF-1ª, Quarta Turma, Relator Juiz Nelson Gomes da Silva. Data da decisão 9.11.92, DJU 3.12.92, p. 40.764).

RHC. Penal. Processual Penal. Receptação. Denúncia.

A denúncia deve descrever fato individualizado, perceptível e que traduza uma conduta. Não deve restringir-se a mencionar as palavras do tipo penal. Este encerra descrição abstrata. A imputação menciona fato concreto. A denúncia é apta desde que à narração enseje compreender comportamento correspondente à descrição da lei.

(RHC 16930, STJ, Sexta Turma, Relator Min. Vicente Cernicchiaro. Data da decisão 30.3.92, DJU 27.4.92, p. 5.507).

Habeas Corpus. *Condenação pelo Tribunal do Júri. Delitos de homicídio e de prevaricação. Inépcia da denúncia. Inocorrência. Saneamento implícito do processo. Convocação do Júri. Sorteio dos jurados - CPP, arts. 425, 428 e 429. Regularidade formal do processo. Inexistência de injusto constrangimento. Pedido indeferido.*

Não é inepta a denúncia que, no crime de prevaricação, especifica o sentimento de ordem pessoal que motiva o comportamento delituoso do agente. Essa referência ao dolo específico - que constitui um dos *essentialia delicti* revela-se bastante, ao lado da objetiva exposição narrativa constante da denúncia, para conferir aptidão jurídico-processual à peça acusatória formulada pelo Ministério Público. - Quando existe condenação penal motivada por denúncia apresentada pelo Ministério Público, a eventual inépcia da peça acusatória já não mais poderá ser alegada. Em tal situação, impõe-se questionar, se for o caso, a própria decisão condenatória, e não mais a denúncia que a motivou (...)

(HC 69416, STF, Tribunal Pleno, Relator Min. Celso de Mello. Data da decisão 1.7.92, DJU 28.8.92, p. 13.454).

Direito Constitucional. Processo Penal. Apropriação indébita. Sentença condenatória. Nulidade. CF, artigo 5º, LV, CCP, arts. 41, 381 e 573, § 1º e CP, art. 168.

É nula sentença que, baseada em denúncia que não descreve os fatos e não-específica a quantia objeto de apropriação indébita, acaba por condenar o réu, sem deixar explícito qual o valor desviado, com isto ocasionando manifesto prejuízo ao direito de defesa assegurado na Constituição Federal.

(ACR 8904053048, TRF-4ª, Primeira Turma, Relator Juiz Vladimir Passos de Freitas. Data da decisão 25.6.92, DJU 5.8.92, p. 22.719).

HC. Trancamento da Ação Penal. Justa causa. Inépcia da denúncia.

1- Não é inepta a denúncia, por defeito redacional, se atribui aos réus a prática de fatos delituosos de modo a tornar possível sua ampla defesa. 2- Não há falta de justa causa para a acusação quando os fatos narrados na denúncia constituírem crime em tese e se apóiam em elementos sérios e idôneos da materialidade do delito e em indícios fortes e razoáveis de quem seja seu autor. 3- HC denegado.

(HC 9001077382, TRF-1ª, Quarta Turma, Relator Min. Nelson Gomes da Silva. Data da decisão 25.2.91, DJU 2.4.91, p. 6.132).

Artigo 43

Processual Penal. Fatos típicos descritos na denúncia. Elemento subjetivo. Apreciação em Habeas Corpus.

1- Apreensão de mercadoria estrangeira exposta à venda em estabelecimento comercial pertencente ao denunciado. Utilização de notas fiscais falsas. Fatos típicos perfeitamente descritos na denúncia. 2- Elemento subjetivo. Só a instrução criminal poderá demonstrar se o paciente tinha ou não conhecimento da introdução clandestina ou importação fraudulenta da mercadoria que adquiriu. 3- Não se pode, na via estreita do *habeas corpus*, admitir-se, desde já, a inexistência do tipo subjetivo, abortando a ação penal, porque isso significaria absolvição sem processo. 4- *Habeas Corpus* indeferido.

(HC 9201324014, TRF-1ª, Quarta Turma, Relator Min. Eustaquio Silveira. Data da decisão 3.3.93, DJU 15.3.93, p. 7.947).

Processual Penal. Recurso de Habeas Corpus. *Trancamento e Ação Penal. Alegação de falta de justa causa. Exame de prova.*

Incabível a concessão de *habeas corpus* para trancamento de ação penal, se a alegada falta de justa causa não se revela indiscutível, exigindo exame aprofundado de prova. - Recurso improvido.

(RHC 26721, STJ, Quinta Turma, Relator Min. Flaquer Scartezzini. Data da decisão 5.5.93, DJU 24.5.93, p. 10.011).

Processo Penal. Habeas Corpus. *Trancamento da ação penal. Alegações de falta de justa causa e inépcia da denúncia.*

Se os fatos narrados na denúncia revestem-se, em tese, de ilicitude penal, não há falar em falta de justa causa para a ação penal. O *habeas corpus* não é meio idôneo para o exame aprofundado da prova. Denúncia que atenda satisfatoriamente aos requisitos do art. 41do CPP, com os elementos informativos do inquérito policial dando respaldo suficiente para a versão acusatória. Insubsistência da alegação de Inépcia. Recurso improvido.

(RHC 1500, STJ, Sexta Turma, Relator Min. Costa Leite. Data da decisão 25.2.92, DJU 6.4.92, p. 4.506).

Penal. Processual Penal. Inquérito policial. Denúncia. Recebimento. Legítima defesa.

I - Inquérito policial. Dispensabilidade. Como procedimento meramente informativo que é, o inquérito policial pode ser dispensado se o titular da ação penal dispuser de elementos suficientes para o oferecimento da denúncia. II - Denúncia. Deve ser recebida, se comprovada a materialidade do fato típico e existentes indícios suficientes de autoria, desde que elaborada com observância dos requisitos do art. 41 do CPP. III - Legítima defesa. Excludente de antijuridicidade que não pode ser examinada no juízo de admissibilidade da ação penal. IV - Denúncia recebida. (APN 33, STJ, Tribunal Pleno, Relator Min. Carlos Thibau. Data da decisão 14.5.92, DJU 8.6.92, p. 8.594).

Recurso de Habeas Corpus. *Trancamento da Ação Penal. Descabimento pela via eleita.*

Não há que se falar em inépcia da denúncia desde que esta contém *quantum satis*, os necessários esclarecimentos de forma a possibilitar aos acusados conhecimento pleno do fato delituoso que lhes é imputado, permitindo-lhes defender-se amplamente, e fornece ao julgador elementos para um juízo de valor. - A fundamentação de inexistência de justa causa para a ação penal, não se presta a concessão do remédio heróico, a não ser, quando nem mesmo em tese o fato constitui crime, ou então, quando se verifica *prima facie,* que não se configura o envolvimento do acusado no fato tido como delituoso, independentemente de apreciação de provas capazes de se produzirem somente no decorrer da instrução criminal. - Recurso conhecido e improvido.

(RHC 1715, STJ, Quinta Turma, Relator Min. Flaquer Scartezzini. Data da decisão 19.2.92, DJU 9.3.92, p. 2.589).

Processo Penal.

1- Competência. Crimes contra a honra. Deputado Federal. A calúnia e a difamação assacadas contra deputado federal em razão de atos praticados no exercício do mandato são crimes processados e julgados pela Justiça Federal. 2- Ação penal. Indivisibilidade. A indivisibilidade da ação penal supõe um crime e mais de autor, não se aplicando a hipótese de crimes praticados por agentes diversos em outro lugar e tempo. 3- Denúncia. Recebimento. O Juízo de recebimento da denúncia e restrito à descrição do fato típico e à existência da justa causa. Recurso em sentido estrito improvido.

(RCCR 9204358238, TRF-4ª, Primeira Turma, Relator Min. Ari Pargendler. Data da decisão 1.4.93, DJU 20.4.93, p. 13.688).

Penal. Princípio da indivisibilidade da ação. Estelionato em detrimento da previdência social. Réu primário e de bons antecedentes. Pena-base.

1. Na ação penal pública, nada impede que o MP, diante das provas do inquérito policial, ofereça denúncia somente contra um ou alguns dos indiciados, considerando que outros não cometeram crime. 2. Se o fato atribuído a um dos réus não é o mesmo pelo qual responde o outro, a absolvição daquele não implica, necessariamente, a deste último. 3. Crime continuado de estelionato contra a Previdência Social devidamente provado. 4. Pena-base fixada no mínimo legal, tendo em vista a primariedade e os bons antecedentes do réu.

(ACR 9101176978, TRF-1ª, Quarta Turma, Relator Juiz Eustaquio Silveira. Data da decisão 23.11.92, DJU 10.12.92, p. 41.737).

Penal. Processual. Denúncia. Prisão Preventiva. Atipicidade de conduta. Habeas Corpus.

1. Só a prova inquestionável, indubitavelmente robusta, que não permite contraditório, pode embasar pedido de trancamento de denúncia por atipicidade de conduta. 2. A sentença de pronúncia que manda o Réu aguardar na prisão o julgamento final acaba com a discussão sobre o decreto anterior de prisão preventiva. 3. Recurso conhecido mas improvido.

(RHC 21851, STJ, Quinta Turma, Relator Min. Edson Vidigal. Data da decisão 9.9.92, DJU 28.9.92, p. 16.435).

Habeas Corpus. *Denúncia inepta. Trancamento da Ação Penal. Indeferimento.*

I. A denúncia é o ato através do qual o Ministério Público notícia a ocorrência de uma ou de várias infrações penais e requer a instauração da ação penal. Portanto, não pode ser seccionada para ser recebida e rejeitada em partes, especialmente tratando-se de um único acusado. As possíveis omissões podem ser supridas a todo tempo, antes da sentença final. II. Não demonstrando ter ocorrido ilegalidade no recebimento da denúncia, indefere-se o pedido.

(HC 11600, STJ, Quinta Turma, Relator Min. Costa Lima. Data da decisão 13.5.92, DJU 1.6.92, p. 8.055).

Habeas Corpus. *Crime contra a honra. Falta de justa causa para prosseguimento da ação penal.*

Já se tem como certo que a ausência de justa causa ocorre quando a imputação não descreve fato criminoso ou quando não há relação de causalidade entre ele e seu suposto autor. Apontando a denúncia fato definido como crime, mesmo em tese, com autoria induvidosa, não há falta de justa causa a determinar o trancamento da ação penal, onde o paciente pode demonstrar, amplamente, a sua inocência. *Habeas Corpus* denegado.

(HC 843, STJ, Sexta Turma, Relator Min. José Cândido. Data da decisão 19.11.91, DJU 9.12.91, p. 18.046).

Habeas Corpus. *Crime contra a fauna. Tipicidade. Erro de proibição. Inépcia da denúncia inocorrente.*

DA AÇÃO PENAL 147

A prática de caçada em terras particulares, mesmo com o consentimento dos proprietários, só é possível com autorização do Poder Público, pois os animais da fauna silvestre pertencem à União Federal. - Descabe o exame da ocorrência de erro de proibição nos limites do remédio heróico. - Não é inepta a denúncia que fornece os elementos suficientes à configuração do ilícito penal, descrevendo de modo genérico a participação dos acusados por tratar-se de um empreendimento coletivo. - Denegação da ordem.

(HC 9205021946, TRF-5ª, Primeira Turma, Relator Juiz Castro Meira. Data da decisão 26.3.92, DJU 10.4.92, p. 8.976).

Artigo 44

Ação penal mediante queixa.

1. Instrumento de mandato. É lícito ao advogado, em nome do querelante, intentar a ação penal, sem prévia representação, a fim de evitar a decadência, obrigando-se, neste caso, a exibir o instrumento de mandato, no prazo de lei. Aplicação analógica do art. 37 do Cód. de Pr. Civil, a teor do art. 3º do Cód. de Pr. Penal. Arquição de decadência rejeitada, com votos vencidos. 2. Recebimento/rejeição. É necessário, para o recebimento da queixa, que a peça inicial venha instruída, "de modo a indicar a plausibilidade da acusação, que não pode basear-se apenas na versão dada aos fatos pelo queixoso" (RHC-606, do STJ). Precedentes. Hipótese em que a queixa veio ao Tribunal unicamente na versão do querelante. Impossibilidade, portanto. 3. Queixa a que a Corte Especial rejeitou.

(AC 23, STJ, Tribunal Pleno, Relator Min. Nilson Naves. Data da decisão 6.12.91, DJU 9.3.92, p. 2.526).

Artigo 46

Processual Penal. Habeas Corpus. *Excesso de prazo. Força maior. Juízo de razoabilidade.*

A complexidade da prova a ser produzida na ação penal configura o motivo de força maior previsto no art. 403 do CPP, diante do critério da razoabilidade, que impede a observância rígida dos prazos processuais estabelecidos para a formação da culpa. II - Ordem denegada.

(HC 983, STJ, Sexta Turma, Relator Min. Carlos Thibau. Data da decisão 25.2.92, DJU 13.4.92, p. 5.006).

Penal. Habeas Corpus. *Excesso de prazo. Demora justificada. Grande número de réus e advogados. Inúmeras diligências requeridas e resolvidas. Ausência de constrangimento ilegal. Ordem denegada.*

I- Não há, na verdade, que se falar em constrangimento ilegal por excesso de prazo. O juiz impetrado, ao contrário, se mostrou diligente e incansável para oferecer a prestação jurisdicional a tempo e a hora. Sete réus foram denunciados. Houve aditamento a denúncia de mais dois. Inúmeros incidentes processuais foram resolvidos. Oito são os advogados. O processo, embora tenha demorado justificadamente na fase do art. 499, já se acha com prazo aberto para as Alegações finais. Assim, não se pode falar em constrangimento ilegal capaz de levar a concessão de *habeas corpus*. II- Ordem denegada.

(HC 9101018035, TRF-1ª, Terceira Turma, Relator Min. Adhemar Maciel. Data da decisão 18.3.91, DJU 2.4.91, p. 6.124).

Ação Penal. Trancamento da ação penal por falta de justa causa.

I. O Ministério Público pode ampliar a acusação a outro indiciado pela prática da mesma infração penal descrita na denúncia, por força de provas colhidas durante a instrução. II. Em sede de *habeas corpus* somente é possível trancar-se a ação penal por falta de justa causa se, prontamente, desponta a inocência do acusado, a atipicidade da conduta ou se acha extinta a punibilidade. (RHC 18852, STJ, Quinta Turma, Relator Min. Costa Lima. Data da decisão 8.4.92, DJU 4.5.92, p. 5.898).

Artigo 48

Criminal. Processo Penal. Rejeição da denúncia. Inépcia formal.

1. Tendo sido o crime praticado por algumas pessoas em conjunto, todas qualificadas no Inquérito Policial, a denúncia há de incluir todos eles como autores do delito, sob pena de inépcia. 2. Recurso improvido.

(RCCR 9201199767 , TRF-1ª, Quarta Turma, Relator Juiz Nelson Gomes da Silva. Data da decisão 26.10.92, DJU 3.12.92, p. 40.762).

RHC - Princípio da Indivisibilidade da ação - Falta de fundamentação do Decreto de Custódia.

O fato, em si só, de o representante do MP deixar de incluir um ou alguns dos indiciados na denúncia não a torna nula, exatamente pelo respeito ao princípio da livre convicção do órgão denunciante. - A falta de fundamentação do decreto de custódia não prospera ante a existência dos pressupostos legais para sua lavratura, observados pelo juiz sentencialmente. - Recurso a que se nega provimento.

(RHC 26733, STJ, Quinta Turma, Relator Min. Flaquer Scartezzini. Data da decisão 28.4.93, DJU 24.5.93, p.10.011).

Bibliografia

Alsina, Hugo. *Tratado teórico prático de derecho procesal civil y comercial.* Buenos Aires: Compania Argentina, 1941.

Altavilla, Enrico. *Psicologia judiciária.* 3.ed. Coimbra: Armênio Amado, 1981.

Azevedo, Plauto Faraco de. *Limites e justificação do poder do Estado.* Petrópolis: Vozes, 1979.

Beccaria, Cesare. *Dos delitos e das penas.* 2.ed. São Paulo: Atena [s/d].

Bonnecase, J. *La escuela de la exegesis en derecho civil.* México: José M. Cajica, 1944.

Boschi, José Antonio Paganella. *Ação Penal.* Rio de Janeiro: Aide, 1993.

——. *Persecução Penal.* Rio de Janeiro: Aide, 1987.

Bruno, Aníbal. *Direito Penal.* 3. ed. Rio de Janeiro: Forense, 1978.

Carnelutti, Francisco. *Sistema de derecho procesal civil.* Buenos Aires: Uteha, 1944.

——. *Estudios de derecho procesal.* Buenos Aires: Ediciones Jurídica Europa - América, 1952.

Castillo, Niceto Alcala Zamora; Hijo, Ricardo Levene. *Derecho procesal penal.* Buenos Aires: Guillermo Kraft, [s/d].

Chiovenda, Giuseppe. *Instituições de direito processual civil.* 3.ed. São Paulo: Saraiva, 1969.

Couture, Eduardo. *Fundamentos de direito processual civil.* São Paulo: Saraiva, 1946.

——. *Interpretação da leis processuais.* São Paulo: Max Limonad, 1956.

——. *Introdução ao estudo do processo civil.* Rio de Janeiro: José Konfino, 1951.

Cretella Júnior, J. *Curso de direito romano.* 5.ed. Rio de Janeiro: Forense, 1973.

Cunha, Mauro; Silva, Roberto Geraldo Coelho. *Guia para estudo da teoria geral do processo*. Porto Alegre: Sagra, 1984.

Delmanto, Celso. *Código Penal anotado*. 4.ed. São Paulo: Saraiva, 1983.

Espinola filho, Eduardo. *Código de processo penal brasileiro anotado*. 5.ed. Rio de Janeiro: Rio, 1976.

Ferrara, Francesco. *Interpretação e aplicação das leis*. São Paulo: Saraiva, 1934.

Florian, Eugenio. *Elementos de derecho procesal penal*. Barcelona: Bosch, 1933.

Fragoso, Heleno Cláudio. *Comentários ao Código Penal*. 5.ed. Rio de Janeiro: Forense, 1977.

———. *Lições de direito penal*. 3.ed. São Paulo: José Bushatsky, 1978.

Gény, François. *Método de interpretación y fuentes en derecho privado positivo*. 2.ed. Madri: Reus, 1925.

Gomes, Orlando. *Introdução ao direito civil*. 5.ed. Rio de Janeiro: Forense, 1977.

Guasp, Jaime. *Derecho procesal civil*. 3.ed. Madrid: Instituto de Estudios Políticos, 1968.

Gusmão, Paulo Dourado de. *Introdução à ciência do direito*. 7.ed. São Paulo: Forense, 1976.

Hungria, Nélson. *Comentários ao Código Penal*. 5.ed. Rio de Janeiro: Forense, 1977.

Jesus, Damásio E. de. *Código de Processo Penal Anotado*. 8.ed. São Paulo: Saraiva, 1990.

Kantorowicz, Gérman. *La lucha por la ciencia del derecho*. Buenos Aires: Losada, 1949.

Kelsen, Hans. *Teoria pura do direito*. 4.ed. Coimbra: Arménio Amado, 1979.

Leone, Giovanni. *Tratado de derecho procesal penal*. Buenos Aires: Ediciones Jurídicas Europa-América, 1963.

Lima, Mário Franzen de. *Da interpretação jurídica*. 2.ed. Rio de Janeiro: Forense, 1955.

Mariconde, Alfredo Vélez. *Estudios de derecho procesal penal*. Córdoba: Imprenta de la Universidad, 1956.

Marques, José Frederico. *Manual de direito processual civil*. 5.ed. São Paulo, Saraiva, 1977.

Martins, José Salgado. *Direito Penal*. São Paulo: Saraiva, 1974.

Maximiliano, Carlos. *Hermenêutica e aplicação do direito*. 5.ed. São Paulo: Freitas Bastos, 1951.

Maynez, Eduardo Garcia. *Introducción al estudio del derecho*. 26.ed., México: Porrúa, 1977.

Medeiros, Flavio Meirelles. *Do Inquérito Policial*. Porto Alegre: Livraria do Advogado, 1994

——. *Manual do Processo Penal*. Rio de Janeiro: Aide, 1987.

——. *Nulidades do Processo Penal*. 2.ed. Rio de Janeiro: Aide, 1987.

Mirabete, Julio Fabbrini. *Processo penal*. 2.ed. São Paulo: Atlas, 1993

Montaigne, Michel de. *Ensaios*. São Paulo: Abril Cultural, 1972 .

Niño, José Antonio. *La interpretacion de las leyes*. 2.ed. México: Porrúa, 1974.

Placido e Silva. *Vocabulário Jurídico*. 4.ed. Rio de Janeiro: Forense, 1975.

Ramirez, Sergio Garcia. *Curso de derecho procesal penal*. 2.ed. México: Porrúa, 1977.

Reale, Miguel. *Lições preliminares de direito*. 10.ed. São Paulo: Saraiva, 1983.

Savigny. *De la vocacion de nuestro siglo para la legislacion la ciencia del derecho*. Buenos Aires: Atalaya, 1946.

Schmidt, Eberhard. *Los fundamentos teoricos y constitucionales del derecho procesal penal*. Buenos Aires: Bibliográfica Argentina, 1957.

Seganfredo, Sonia Maria. *Como interpretar a lei*. Rio de Janeiro: Rio, 1981.

Spencer, Herbert. *A justiça*. Lisboa: Aillaud, [s/d].

Theodoro Júnior, Humberto. *Processo de conhecimento*. 2.ed. Rio de Janeiro: Forense, 1978.

Thot, Ladislao. *Historia de las antiguas instituciones de derecho penal*. Buenos Aires: Talleres Graficos Argentinos L. J. Rosso, [s/d].

Tornaghi, Hélio. *Instituições de processo penal*. 2.ed. São Paulo: Saraiva, 1977.

Tourinho Filho, Fernando da Costa. *Processo penal*. 9.ed., Bauru: Jalovi, 1986.

Av. Plínio Brasil Milano, 2145
Fone 341-0455 - P. Alegre - RS